«Con mucha alegría y gozo expreso los sinceros valores y logros alcanzados a través de una trayectoria de más de dieciocho años de conocer a mi amiga y hermana en Cristo Jesús, Elsie Méndez. Como su mentor y amigo, he visto los grandes retos que ha tenido en su vida. Retos que la han elevado mucho más para alcanzar las metas que Dios ha puesto en su corazón. Trabajando como ministro de oración en los Ministerios Kenneth Copeland, he visto los talentos de Elsie como intérprete, traductora y en sus buenas obras, porque siempre está lista para ayudar con el entusiasmo que la caracteriza. Elsie ha estado y ayudado como voluntaria en las Convenciones de Creyentes del Suroeste y en las Conferencias de Ministros, en Fort Worth, Texas, de nuestro ministerio por años. Por esta razón, con toda confianza les recomiendo este libro titulado *A paso de elefante*, pues a pesar de todas las pruebas y retos, ella no permitió que los momentos duros, difíciles y de escasez la hicieran renunciar al llamado que Dios tiene para su vida. Creyó y sigue creyendo que hacia donde Dios la dirija y guíe, Él le tiene su provisión. Elsie sabe, cree y confía que el Señor siempre cuida de sus siervos y siervas».

Manuel Negrete
Ministerios Kenneth Copeland
Fort Worth, Texas

«Conozco a Elsie Méndez desde hace varios años. Nuestra amistad ha crecido durante todo este tiempo. En Nueva Orleans, desde una radio secular, proyectó los principios bíblicos y no solo esto, sino que los viernes de Semana Santa desfilaban por allí todos los pastores de la zona, a fin de dar un mensaje del Señor gratuito por completo. Siempre buscando que la Palabra de Dios se difundiera por la Radio, Elsie, con su gran generosidad y facilidad de optimizar todo a su paso, logra llegar así a una población hispana con necesidad de conocer al Cristo vivo que salva, libera, sana y que es el mismo ayer, hoy y por los siglos. Ahora, Elsie debuta como autora y es sorprendente su facilidad para llevar un mensaje de esperanza y ayuda durante tiempos difíciles. Por eso es que este libro va a llegar al corazón de las almas deseosas de buscar una respuesta a sus necesidades. ¡Algo que debe leerse!»

Raquel J. Tapiero
Excónsul General de Panamá en Luisiana, Misisipi, Alabama
Profesora y periodista

«Hace muchos años que conozco a mi amada hermana Elsie Méndez, y he sido partícipe de muchos de sus logros y también de sus pruebas. Sin embargo, lo más sobresaliente es que a pesar de las circunstancias, siempre ha mantenido una de sus más grandes características: ¡Su alegría contagiosa! Elsie es una de las mujeres más talentosas que he conocido, con una mente innovadora que nunca duda en ayudar a los demás a través de sus ideas estratégicas y creativas. Por eso te recomiendo que leas este libro, el cual estoy seguro que enriquecerá tu vida y te llevará a vivir una feliz».

Jorge Gómez
Cantante
Nueva Orleans, Luisiana

«Espontánea, natural, Elsie nos hace viajar a través de sus experiencias. Escribir viene con el sentir y sentimos con ella cada línea. Soluciones entre pérdidas y ganancias de una gran comunicadora. Brillante... este libro te ayudará a revolucionar la manera en que deseas y el "cómo" convertir tus sueños en realidad».

María Tames Calatayud
Poetisa
Miami, Florida

A PASO DE
elefante

INCLUYE:
Guía con
pasos para
ser feliz

Cuando el **DOLOR** y la **TRISTEZA**
te **ROBAN** la **FELICIDAD**

Elsie Lucila Méndez

Ana Meneses

Unilit   Sepa

Feb/9/2014

A paso de elefante
Cuando el dolor y la tristeza te roban la felicidad

Publicado por
Unilit
Miami, FL 33172

Primera edición 2013

Edición: *Nancy Pineda*
Diseño de la cubierta e interior: *Ximena Urra*
Ilustraciones de la cubierta e interior: © 2013 Ralf Juergen Kraft, David M. Schrader, Anan Kaewkhammul, Pixel Embargo, Shebeko, Alex Kalmbach, Gl0ck, bigredlynx, africa924. Usadas con permiso de Shutterstock.com.
Fotografía de la autora (cubierta): missykphotography.com
Fotografía de la autora (biografía): SAMFOTOS.com

Producto 495827
ISBN 0-7899-2086-7
ISBN 978-0-7899-2086-7

Impreso en Colombia
Printed in Colombia

Categoría: *Vida cristiana /Vida práctica /General*
Category: *Christian Living /Practical Life /General*

Dedicatoria

Dedico este libro y mi vida a mi Padre celestial que nunca me ha dejado. Al Espíritu Santo, mi amigo fiel. Así como a Jesús que dio su vida por mí para que yo pudiera vivir una vida feliz.

También quiero dedicar estas líneas desde lo más profundo de mi corazón a dos mujeres que han causado un gran impacto en mi vida: Mi madre, Elsie de Zubiría, y a mi hija, Catalina Guillén-Quintero. Dos mujeres de una fuerza, integridad y rectitud impresionantes. Una que cuidó de mí y otra que cuidé yo. Una que vive en el cielo y otra que aún me acompaña en las vicisitudes de la vida aquí en la tierra. Pido para ti, mi Catalina, ¡que tu vida pueda ser siempre una vida feliz guiada por un Padre que nunca te dejará!

Espero que te guste este libro.... te quiero mucho y no te imaginas la falta que me haces a ti y apapa.
los extrañamo y muchos besos y abrazos. Que el señor me los bendiga hoy y siempre   04/02/2014

Contenido

Tercer paso de elefante: «Deja atrás el miedo y el temor»

Cuarta parte
«Días oscuros, nuevos comienzos»
Cuarto paso de elefante: «Cómo se logran las metas
y los sueños en la vida»

Prólogo

A paso de elefante es el título de este grandioso libro escrito e inspirado en la vida de mi gran amiga y compañera de milicia, a quien respeto y admiro, Elsie Lucila Méndez.

En la actualidad, el mundo está lleno de contadores de historias y carecemos de escritores hispanos que nos enseñen con la vida práctica cómo podemos sonreír ante la adversidad.

Esta bella narración te va a estremecer en lo más profundo, ya que su protagonista nunca escribe por escribir... Yo que la conozco bien, puedo decirte que cada vez que Elsie Méndez expone un nuevo proyecto, de seguro que te va a llevar a reflexionar en gran medida.

En su libro, Elsie te narra cosas muy profundas de su diario vivir. Por lo tanto, vas a conocer lo grandioso y lo poderoso de una mujer latina, a quien la vida no le ha sido fácil. Lo que más me encanta de este libro es ver la versatilidad y la tenacidad con que Elsie Méndez enfrenta las etapas difíciles que se nos presentan en la vida. Sin duda, en esta mujer no existen los límites, por eso *A paso de elefante* inspirará a multitudes de personas.

Con su extraordinaria voz, sus principios innovadores y su amor por la humanidad y por el desvalido, Elsie nos enseña a cómo hacer realidad nuestros sueños de una manera alegre, pero a la vez profunda. Asimismo, nos insta a que afrontemos los momentos difíciles de la vida con gallardía, grandeza y una sonrisa.

Por último, y para no saturar este prólogo con palabras, solo me resta decir una gran verdad: detrás de una historia siempre hay una mejor historia. Así que, Elsie, amiga, madre, mentora y compañera, te auguro un gran éxito con esta bella pieza literaria que de seguro será, como lo es y ha sido tu vida, hermosa.

¡Bienvenidos a esta encantadora aventura!

Rvdo. John Henry Millán
Presidente de la Junta de Directores del Consorcio MG
El Paso, Texas

Introducción

A paso de elefante... ¡una vida que podría ser la tuya!

Muchos hemos pasado por momentos en que las cosas no son como quisiéramos, pero nos hemos negado a tocar fondo. Así que nos mantenemos de pie, llevando sonrisas y esperanzas a manos llenas, por fuera y por dentro, aferrados a una palabra, a un pasaje de la Escritura, a una profecía, a ese Dios que es el tuyo y el mío.

Escribí este libro en tardes y mañanas de lluvia y sol, momentos y jornadas especiales que aprecio, en especial mientras estaba refugiada en casa. Un día, me puse a trabajar a las diez de la mañana, y cuando mis manos ya estaban entumecidas de tanto escribir, mire el reloj... ¡y eran las cinco de la tarde! Mi corazón y mis emociones dieron rienda suelta a todo lo vivido. Me satisface pensar que valdrá la pena para alguien. Así sea que toque una sola persona, que logre mover los hilos de un corazón, sirvió de algo.

Quise escribir esta historia en forma de novela, a fin de llevarte a entrar en mi mundo que muy bien pudiera ser el tuyo. No me canso, ni me cansaré, de hablar de Él, de ese Padre que me sustenta cada día, que me perdona a diario y que tiene continuas misericordias para esos momentos en que no soy tan espiritual. ¿Sabes? Él también lo puede hacer contigo.

La vida es un camino con muchas posibilidades y vías a considerar. Aquí hablo de muchas de ellas y te llevo de la mano esperando que tu viaje sea mejor que el mío. Sin duda alguna, Él es más que suficiente.

Ahora, te invito a ponerte cómodo, a sentarte en ese sillón preferido o solo a relajarte y entrar conmigo a un mundo que te transformará y te mostrará que si se puede salir adelante en medio de las circunstancias y las sorpresas que nos arroja la vida, sobre todo en esos días malos que se asoman sin avisar.

Busca un buen café, té o ese refresco que tanto te gusta, y acompáñame. Luego, déjate envolver por las vivencias plasmadas aquí. Espero que cada palabra, cada párrafo, te ayude a entender los designios de Dios y te lleve a comprender el porqué de las cosas aunque muchas veces no las podamos explicar siquiera.

No podría cerrar esta introducción sin darte las gracias por leer estas líneas. Al tener este libro en tus manos, quiere decir que te unes al movimiento de «conectados» y, que a través de la adquisición de este libro, estás ayudando al Ministerio de las Baterías y a muchas obras más que apoyamos mediante proyectos cargados de amor, compasión y misericordia.

¡Ven, acompáñame, y caminemos juntos a paso de elefante!

En gratitud,

Elsie Lucila Méndez

PRIMERA PARTE

«Hermosa infancia, adolescencia robada»

PRIMERA PARTE

Información histórica.
Implicaciones ecológicas

Capítulo

Todo comenzó así...

*Aprendí que «el amor es paciente, es bondadoso. El
amor no es envidioso ni jactancioso ni orgulloso. No
se comporta con rudeza, no es egoísta, no se enoja
fácilmente, no guarda rencor. El amor no se deleita
en la maldad sino que se regocija con la verdad.
Todo lo disculpa, todo lo cree, todo lo espera, todo
lo soporta».*

era una noche llena de estrellas. Había un calor terrible y la
música estaba en todo su apogeo. La orquesta del momento
tocaba los éxitos del día. La sociedad más exquisita, sus jóvenes,
las mejores familias y sus retoños resplandecían luciendo sus
mejores galas y atuendos. Las princesas de la alta sociedad cartagenera se paseaban entre la piscina y los baños donde se reunían
para comentar los últimos detalles de lo que estaba sucediendo.

En la pista de baile, que se encontraba repleta de cuerpos
sudorosos, los bailadores infatigables se movían al ritmo de las
frenéticas trompetas y los retumbantes tambores. Además, se
tejían historias de amor y dolor entre las parejas del momento.

> **Todos estaban a punto del desmayo debido al calor tan impresionante que parecía salir desde lo profundo de la tierra.**

Los hombres reunidos debajo de los paraguas de las mesas al aire libre, o en el bar de la piscina, se aglomeraban con aires de donjuán. Allí fumaban sus cigarrillos con filtro y, vaso en mano, se hacían los que no estaban interesados en nada, sino en el humo de su cigarrillo y la conversación de los amigos de siempre.

Las mujeres en la pista vestían trajes hermosos llenos de tul, encaje, seda y lo último de la moda. Los hombres, en cambio, lucían sus sacos de lino en colores pastel y sus vistosas corbatas. Todos estaban a punto del desmayo debido al calor tan impresionante que parecía salir desde lo profundo de la tierra.

Un encuentro inesperado

En medio de toda esta energía, dos personas se miraban con sigilo... ¡Era evidente que se habían visto! Cada uno bailaba con su respectiva pareja, sin que esta le importara en ese instante. A decir verdad, sus ojos se buscaban en medio de la noche. El amor había llegado y la flecha de Cupido había traspasado este par de corazones que, al parecer, ya les pertenecían a otros.

Ella, encantadora, bella, reina de belleza del departamento, lucía el vestido más lindo del lugar, un modelito sacado de las páginas de *Vogue*. La realidad era que se encontraba aturdida, pero con todos sus sentidos gritándole a voces: «¡Contrólate, contrólate y disimula». Mirando de reojo veía a ese hombre alto, de mandíbula cuadrada, manos grandes y vestido con elegancia, todo de blanco, impecable. Además, bailaba como si fuera el dueño de la pista, pues llevaba a su pareja con firmeza y gran estilo. «Buen bailarín», pensaba ella. Acababa de llegar de un viaje a Nueva York donde la habían enviado por una temporada con su tía y no reconocía quién era este hombre que la tenía con el corazón dando saltos y mariposas revoloteando en su estómago.

Él la miraba con ojos penetrantes, disimulando. Sin embargo, cada vez que ella daba una vuelta con su pareja, él y esos ojos estaban allí mirando, indagando, acariciando... incitándola. Hasta que en un instante, en uno de esos momentos inesperados de la vida, él se acercó al grupo de amigos con los que conversaba ella. Avanzaba secándose el sudor de su frente con su pañuelo de hilo con monograma. Entonces, le dijo con una voz grave y profunda: «¿Quieres bailar?». Sin dudarlo, como llevada por el vapor del calor, las estrellas, la luna llena, redonda y misteriosa, le respondió sin titubear extendiéndole su mano para que la condujera al centro de la pista.

> **Sus ojos se buscaban en medio de la noche. El amor había llegado y la flecha de Cupido había traspasado este par de corazones.**

Desde el primer momento en que le pasó su brazo alrededor de su cintura, sintió que jamás sería de nadie, sino solo suya. En cuanto a él, cuando tocó esa suave piel color porcelana, sintió que se le iba a salir el corazón del pecho. Luego, al mirar esos ojos color turquesa del tamaño de la luna, quedó prendado para siempre. En un segundo, todo lo demás, todas las personas, perdieron importancia. Solo podían vivir este momento donde el único ruido era su respiración. Donde lo único que existía eran ellos dos.

Solo había un pequeño detalle que hacía que ese encuentro no fuera ideal. Él estaba comprometido con otra de las niñas de la sociedad cartagenera. Incluso, ya le había entregado un anillo de esmeralda. Entonces, ¿cómo hacer para deshacer algo tan sagrado en una sociedad tan pequeña donde todos se conocían?

Una fuga fantástica

Después de esa noche, él no tenía paz si no estaba con ella. Buscaba todo momento para verla, para mirarla, para encontrarla.

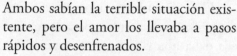

> **Ambos enamorados se encuentran y salen deprisa camino al amor y hacia una vida de felicidad.**

Ambos sabían la terrible situación existente, pero el amor los llevaba a pasos rápidos y desenfrenados.

Al enterarse los padres de ella, se enfurecieron y la castigaron al no dejarla salir de su habitación durante varios días. Después de notas escondidas, que se enviaban por el servicio el uno al otro, deciden escaparse a la ciudad más cercana, Barranquilla. Él tenía un puesto de gobierno y el alcalde del momento, su mejor amigo, le ofrece prestarle el auto de la alcaldía para llevar a los enamorados a casarse a la ciudad vecina.

Al parecer, todo estaba saliendo a pedir de boca: Ella se escapa por una de las ventanas ayudada por la cocinera y el chofer. A continuación, ambos enamorados se encuentran y salen deprisa camino al amor y hacia una vida de felicidad.

El padre de ella se entera en seguida, toma un arma y, acompañado por el comandante de la policía local, se va tras su princesa, la única hija de dos hijos, que era su adoración.

En medio de la carretera, los jóvenes logran escapar de los autos de la policía y llegan asustados a la iglesia «Inmaculada Concepción», en Barranquilla, donde el párroco los esconde detrás de unas cortinas mientras llegaban los policías con el padre ofendido que los buscaba.

Por esas cosas del destino, por esas cosas imprevisibles o quizá por la posición de gobierno que ejercía el hombre, el sacerdote decidió no traicionarles diciendo que allí no habían llegado. Una vez calmada la situación, el cura los casa con rapidez por el rito de la Iglesia Católica. La realidad era que ella estaba aterrada y asustada por lo que había hecho. Sentía que ya no había manera de deshacer el daño causado, sino que solo le quedaba seguir adelante debido a que ya no había forma de retroceder.

Entonces, disfrutando de su nuevo estado de casada, con un anillo comprado en una de las joyerías más conocidas del lugar, se dispusieron a vivir su amor, comprando el ajuar completo y recibiendo a las amistades que venían a ver la nueva pareja en el hotel más lujoso de la ciudad. De esa manera, celebraron noche tras noche la nueva unión y pasaban su luna de miel.

La nueva vida

Felices, con mariposas en el estómago, regresaron a instalarse en una casa que les prestaron. Los padres de ella no querían saber más de su hija. Estaban ofendidos por tan tempestuosa y escandalosa boda. Una tía por parte de padre, se ofreció a amueblarles la casa con todo lo que necesita una pareja de recién casados. Eso fue como un cuento de hadas... ¡no faltó nada! Desde las vajillas importadas hasta los cubiertos de plata, lavadora y secadora, un lujo en esa época, y todos los enseres necesarios para iniciar una nueva vida. Instalados y felices, comenzaron a pasar los años.

En uno de esos días calurosos, famosos en Cartagena, ella lo recibe con la noticia de que están esperando un bebé. Ambos, ilusionados con la nueva noticia, se disponen a decorar y preparar la nueva habitación para ese nuevo ser que ya venía en camino. Él esperaba un niño con gran ilusión, ella feliz solo deseaba un bebé sano, lo que fuera... aunque quería darle ese deseo del varoncito a su esposo.

Entrada la noche, y con los dolores de parto en su máximo grado, deciden irse al hospital, pues ella sentía que se iba a desmayar. Después de pujos y dolores intensos, al fin irrumpe al mundo... ¡una niña! Convencidos de que iba a ser un varón, toda la ropita que con tanto amor compraron... era azul. En seguida, un familiar se ofrece a traer cositas de color rosa al día siguiente para poder presentarles a los familiares y las amistades su niña.

En esa época los notarios iban directamente a la clínica por amistad a inscribir y firmar el acta de nacimiento allí mismo, sin molestar a los nuevos y orgullosos padres. Como no habían pensado que pudiera ser niña, no le tenían nombre y decidieron

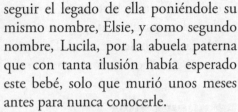

Allí comienza mi historia, en una suite con aire acondicionado del hospital local de Cartagena de Indias, Colombia.

seguir el legado de ella poniéndole su mismo nombre, Elsie, y como segundo nombre, Lucila, por la abuela paterna que con tanta ilusión había esperado este bebé, solo que murió unos meses antes para nunca conocerle.

Allí comienza mi historia, en una *suite* con aire acondicionado del hospital local de Cartagena de Indias, Colombia. Vestida de blanco con amarillo, y con un lazo que le quitaron a uno de los tantos arreglos florales que llegaron, pegado con cinta adhesiva, pues nací con solo una pelusa rubia, casi blanca... ¡nada de pelo! Esos lazos grandes serían una de las marcas de mi infancia, vivida entre grandes falditas de tul, vestidos de preciosas telas importadas y los lazos de satín o algodón del mismo color del vestido. Siempre impecable, siempre al día, siempre la princesa hija de la reina de belleza.

Capítulo

¡Llegó la pandonguita*!

«Soy optimista por experiencia y por naturaleza. Nací riéndome, gozosa de salir al mundo y explorarlo todo».

mi infancia fue linda. Viví y crecí como hija única, pues el día del parto los médicos le dieron a mi madre la terrible noticia de que no podría tener más bebés debido a problemas internos sin solución.

En ese entonces, mi linda tierra de Cartagena, donde nací, era una pequeña ciudad colonial en la costa norte de Colombia. (Ahora es una ciudad moderna, conservando su sector colonial que la UNESCO nombró como una de las ciudades más bellas del planeta). Allí se vive al ritmo de tambores, cumbia, alegría colectiva y el mar que lo marca todo.

¡Qué tiempos aquellos!

Mis padres, los «niños mimados» de la sociedad en esos días, vivían de fiesta en fiesta. La gente asistía a reuniones en casa que se llenaba de música, guitarras, helechos que se mecían al vaivén de las brisas tropicales de nuestra terraza decorada con vívidos colores y grandes mecedoras donde los amigos se reunían a conversar. Las muchachas se movían en silencio llevando jugos de ricas frutas servidos en altos vasos de cristal rellenos hasta el tope de hielo. Además, traían deliciosos pasteles y tortas preparadas por Rita, nuestra cocinera de toda la vida. Recuerdo como si fuera hoy los olores de mi casa en ese entonces: manzana, canela y el calorcito de la cocina con el horno en función y la música que siempre permeaba los espacios de la casa.

Saidita, la hija de Rita la cocinera, era mi compañera de expediciones y aventuras en esos años donde mi imaginación volaba a grandes velocidades. Sin duda, Saidita era la copiloto ideal que seguía instrucciones al pie de la letra sin preguntar.

> Saidita, la hija de Rita la cocinera, era mi compañera de expediciones y aventuras en esos años donde mi imaginación volaba a grandes velocidades.

Hacíamos teatro con las finas sábanas de lino de mi madre. Teníamos toda clase de animales en el patio: pollitos, gallos de pelea traídos de España, loros y, a veces, pavos que los usaban para la celebración del Día de Acción de Gracias.

Mi madre se había criado muy americanizada por la influencia de su padre que estudió y vivió durante muchos años en Boston. Graduado del Instituto Tecnológico de Massachusetts (MIT, por sus siglas en inglés), mi abuelo había mantenido una estrecha relación con sus compañeros y la cultura estadounidense. Por lo tanto, se practicaba el inglés, las costumbres y las fechas especiales en casa.

Mi madre hablaba solo en inglés con su padre y a mí me tenían en un colegio bilingüe, el Colegio Jorge Washington. Así que aprendí el idioma con rapidez y facilidad.

Recuerdo que cuando oía a mi madre hablar en inglés (que sonaba como si uno estuviera comiendo chicle), yo entretenía a la servidumbre fingiendo que hablaba inglés y ellas entre sí se decían: «Ahí viene otra vez la niña Elsie Lucila hablando inglés».

Viví una infancia encantada, feliz. Recuerdos de jugarretas en los charcos después de la lluvia, haciendo barquitos de papel periódico, lanzándolos a tierras lejanas y desconocidas. También pelaba y comía mangos verdes en la casita que me hicieron en uno de los grandes árboles del patio, acompañada por las vecinitas de la cuadra. Después de muchos mangos, el pelador de papas, sal y limón, nos enfermábamos por comer tanto mango verde.

En casa, todos tocábamos guitarra. Mi madre el tiple, mi padre y yo la guitarra. Teníamos al gran Sofronín, maestro de maestros, dándonos clases individuales. Y mi padre siempre lo tenía de invitado especial en las tertulias nocturnas en la terraza para acompañarnos con la guitarra. A mí, en ocasiones, me permitían quedarme los primeros minutos para que mostrara mi destreza con el instrumento y para que cantara la última canción aprendida, que tocábamos los tres cantando a grandes voces. Son sonidos que llevo y conservo en mi corazón con gran nostalgia.

¿Qué marcó mi vida en realidad?

Crecí rodeada de mis primitas las Zubiria que vivían en frente de nuestra casa. Eso era un interminable correr y cruzar de calle con las muchachas y las ayas dando gritos de: «¡Cuidado con los carrooooos!». La pandilla de los primos, cuatro mujeres hermosas y un hombre, el gran Pablo, más las vecinas de la cuadra, éramos un grupo impresionante que siempre tenía algo que hacer, inventar o jugar.

Mis primas, las Zubiria, eran unas niñas preciosas de ojos azules, cabellos dorados y con unas caras de despampanante belleza. Ya en esa época hacían anuncios de televisión y, donde iban, recibían grandes elogios. En cambio, yo, era muy delgadita (¡no sé qué me pasó en mi edad adulta!), con boca grande, ojos café expresivos y pelo rubio. Siempre me causaba gran impacto ver que donde íbamos, ellas recibían la atención con miradas y piropos. Sin embargo, cuando llegaban a mí, el comentario a menudo era: «Tan graciosa que está Elsie Lucila... ¿cómo estás *mi'jita*?».

Esto marcó mi vida y mi personalidad. Desde esos incidentes recurrentes, tomé la decisión de agradar, impactar y dar de mi corazón, sin importar el físico. Así que muy pronto tuve un gran cambio en mi vida que hizo que fuera muy cariñosa, afectuosa con los demás y zalamera con todo el que tuviera delante.

Ahora que lo pienso, no estoy tan segura de que esas circunstancias me transformaran en la persona que soy. Al ver a mi nieta de cuatro añitos, Sofía Isabella, veo que se parece mucho a mí. Siempre tiene una palabra agradable para todos, es defensora de los que tiene a su alrededor y se presta a elogiar con generosidad. Así es que no sé si es algo con lo que se nace... ¡Otra preguntita para mi Dios cuando llegue al cielo con mi famosa listita de preguntas!

> Desde esos incidentes recurrentes, tomé la decisión de agradar, impactar y dar de mi corazón, sin importar el físico.

Mis pinitos con la música

Siempre fui amante de las personas mayores. Vivía metida en las casas aledañas, visitando y tratando de divertirles. Hacía pasteles de tierra que Rita cubría con merengue blanco y cerezas rojas importadas y difíciles de conseguir en el mercado local. Cargada con mi guitarra, el pastel que me lo llevaba la muchacha y una canción para la dueña de casa, hacía mis visitas que planeaba de manera meticulosa y rigurosa durante la semana.

Entre Evaristo el chofer, su hijo Jorge, Sabas el zapatero y sus nueve hijos, que lustraba los zapatos de mi padre cada semana, la servidumbre de casa, Rita y su hija Saidita que vivía con nosotros, la señora que venía a planchar todos los días y mi amada Inocencia, mi aya de pequeña, éramos una *patota* feliz de cuentos, música y gran alegría.

Aprendí a dar mis primeros pasos de los bailes folclóricos de la zona en la cocina. Con la radio a todo volumen, me enseñaron entre los calores del fogón y los olores del menú del día, a bailar cumbia, la Rasquiñita, el mapalé, salsa y merengue. Después, mi madre le ponía los toques finales con su usual elegancia de cómo bailar de una manera bonita, pero con estilo. Recuerdo cómo bailábamos ella y yo frente al enorme equipo *estéreo*, en ese piso de baldosas blancas y negras y yo encima de los pies de mi madre dejándome llevar por los ritmos y el aire de las tardes decembrinas, embelesada con su exquisito olor a perfume francés.

Nota
* En mi niñez, algunas personas me llamaban *pandonguita*. Con esta expresión querían elogiarme y decirme que caminaba con mucha gracia.

Capítulo

Dulces días a la espera

«En medio de la frustración, sabía que mi final era lo importante, no mi ahora, no ese momento donde el desierto era mi mundo».

en un «de repente», toda esta vida plácida y agradable comenzó a cambiar. Cada fin de semana, mi padre estaba más ausente en las noches. A veces desaparecía hasta en los fines de semana, pues según él estaba haciendo política. Alguien se había entremetido en nuestro hogar. Alguien se había dejado usar por el enemigo para romper la paz y la alegría de nuestra unión familiar.

Las tristezas en los conflictos

En medio de discusiones y voces altas, me dormía intranquila. Mi madre ya no se vestía en las tardes como antes. Pasaba más tiempo en una bata de florecitas azul y verde, llorando tanto que sus ojos estaban hinchados y rojos la mayoría del tiempo. Salía poco. Las luces de casa comenzaban a apagarse después del fatídico timbre del teléfono con llamadas de mi padre

> Todavía guardo en mi memoria el tintineo de las copas, los platos y los cubiertos cuando se recogían una vez más durante otro día en el que no habría cena en familia.

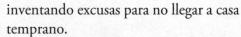

inventando excusas para no llegar a casa temprano.

Y así transcurrían los días en esos años: las llamadas por teléfono o el chofer llegando solo sin mi padre, con excusas. Mi madre se encerraba en seguida en su habitación y Rita, en la cocina, apagando fogones, guardando la comida preparada con tanto esmero y limpiando la mesa del comedor con todo el tinglado de cubiertos, vajillas y cristales. Todavía guardo en mi memoria el tintineo de las copas, los platos y los cubiertos cuando se recogían una vez más durante otro día en el que no habría cena en familia.

Mi madre comía cada vez menos. En ocasiones, ni se sentaba a la mesa, así que yo me encontraba comiendo sola con gran tristeza en mi corazón. Recuerdo mis lágrimas sobre los montoncitos de arroz y de cómo se anidaban en medio del puré de papas formando pequeños charquitos...

La tristeza se hizo mi amiga con rapidez. Nos acostábamos juntas, y ella me acompañaba a todo lugar, amaneciendo a mi lado, esperándome para iniciar el día. A mi padre lo sentía cada vez más lejano, como si no estuviera, cómodo, como alguien que ha hecho algo no agradable y no sabe de qué manera explicarlo o defenderse. Trataba de aparentar una alegría que ya no existía. Nuestras conversaciones cada vez eran más cortas e indiferentes.

Y llegó el día. Ese fatídico día que es difícil describir. Al regresar del colegio, me informaron que la economía estaba difícil, que tendríamos que mudarnos y alquilar algo más pequeño para resolver la inminente situación de unos malos negocios que realizó mi padre. En un abrir y cerrar de ojos, me encontré en una nueva habitación, en un nuevo hogar. Un apartamento oscuro y gris, en un primer piso. Por primera vez con vecinos que tenían la segunda planta y hacían mucha bulla.

Siempre que llegaba mi padre, hacía mis mejores intentos para que se sintiera feliz. Así que me preparaba con cuentos alegres de mi colegio, de mis compañeros o de lo que sucedía en esta etapa de nuevas experiencias y amistades. Incluso mi madre, recuerdo que trataba de aparentar que no sucedía nada diferente, atendiendo a mi padre como siempre, quitándole los zapatos cuando llegaba, ayudándole a sentarse en su sillón preferido y sirviéndole su refresco favorito antes de la cena.

Mi madre y yo éramos como actrices de una novela. Lo tratábamos de entretener, contándole historias simpáticas para así poder oír sus carcajadas que tanto conocíamos y que tanto anhelábamos, pues nos alegraban el alma... Sin embargo, ahora, esas carcajadas no se oían con frecuencia. Se habían estacionado en otra casa, en otra familia, para nunca más volver.

¡El temible final!

Las cosas siguieron su curso y, como era de esperar, se presentó el trágico final.

Una tarde, al llegar del colegio, encontré un gran camión estacionado en el garaje cargando todos los libros de mi padre y muchas cajas de cartón llenas de sus trajes y camisas. De inmediato corrí a la cocina a preguntar qué sucedía... y me dijeron: «Niña Elsie Lucila, su papi se va para siempre».

Corrí a la habitación de mi madre para encontrarla con la batita de florecitas, una caja de pañuelos desechables y muchos bultitos de pañuelos mojados tirados a su lado. Sus ojos hinchados, casi cerrados, ¡no la reconocí!

Entonces, me dijo: «Ven, tengo que explicarte algo». Con esta introducción, procedió a decirme que ella y mi padre no se entendían, que él había decidido irse a vivir a una pequeña finca que teníamos en el campo y que él vendría los jueves a almorzar conmigo en la casa de mi tía Luchy, una de las hermanas de

> **Para mí esos días estuvieron llenos de llanto, pues vivía noches y madrugadas en el piso de mi baño escribiéndole cartas de dolor a mi padre.**

mi padre y, por cierto, una de mis tías preferidas.

Después de esas palabras, no recuerdo nada más en realidad. Me fui a mi habitación a mirar las hojas de los árboles que estaban fuera de mi ventana. Estaban igualmente quietas. No había un solo sonido en casa. El dolor acompañado del silencio había llegado para quedarse.

Pasaban los días y, por primera vez, mi madre tuvo que buscar trabajo. Se posicionó de profesora de inglés y de secretariado empresarial en una escuela del centro de la ciudad. Aún hoy la recuerdan muchas de sus alumnas.

Para mí esos días estuvieron llenos de llanto, pues vivía noches y madrugadas en el piso de mi baño escribiéndole cartas de dolor a mi padre en papel periódico, sollozando sin control, contando cada baldosa... Estas ya se habían hecho mis amigas nocturnas. Teníamos una cita diaria en las madrugadas, a la que no fallábamos ni ellas ni yo.

Por lo general, este ritual duraba hasta las cuatro o las cinco de la mañana, para luego ir a dormir esperanzada en que el día traería algo bueno. Hasta hoy no recuerdo ni sé quién recogía esas cartas, ni qué hacían con ellas. Mi corazón sufría imaginándome a mi padre solo, sin tener con quién hablar en la finca, sin tener quién lo atendiera y le sirviera sus comidas preferidas. Esto me conmovía mucho, pues pensaba en su soledad y en las incomodidades, ya que era un hombre comunicativo, de gustos exquisitos, y acostumbrado a la buena vida. La idea de que estuviera viviendo en esa finca me inquietaba en gran medida.

Mi vida transcurría como toda adolescente. Me imagino que estábamos apretadas de dinero, aunque yo poco lo sentía, excepto en las ocasiones en que tenía una fiestecita y que quizá ya no pudiera estrenar como antes la ropa de moda.

Rodeada de muchas amigas y amigos, tenía mi grupito de siempre que era mi consuelo y felicidad, pues asistía a muchos paseos, actividades y fiestas. Mi madre, en cambio, se encerraba en casa donde languidecía cada vez más... Era como una matita a punto de morir.

Un nuevo cambio para bien

Una tarde, mis abuelos me citaron a su casa diciéndome que deseaban hablar conmigo. Entonces, me dieron la noticia, junto con mi mamá, de que se cerraría la casa, que lo guardarían todo hasta que mamá volviera y que, entre tanto, yo me iría a vivir con ellos mientras mi madre trataba de salir adelante en... ¡los Estados Unidos! Además, insistieron en que no me preocupara, pues ella mandaría a buscarme en cuanto se instalara y tuviera los recursos monetarios apropiados. Mi madre como en un estado de choque perenne, solo asentía en silencio.

El impacto esta vez no fue tan fuerte. Encontraba que podía controlar mejor mis emociones después del último golpe. ¡Ya conocía al Señor Dolor! Era alguien que ya había tratado de cerca y esta vez lo acepté sin discusión.

Fueron dos o tres años, ¡ya ni recuerdo! Años vividos en amor con mis abuelos maternos. Era la princesa de la casa. Todo giraba a mi alrededor: mis comidas preferidas, los chocolates que me traía mi abuelo en el bolsillo de la camisa que, en los calores de Cartagena, muchas veces llegaban derretidos y su camisa manchada.

Mi abuela cocía, hasta era electricista, pues lo arreglaba todo. Además, era una cocinera exquisita y una mujer que llevaba la casa con gran firmeza y orden. Siempre tenía un manojo de llaves en su cinturón que abrían maravillas. Los armarios y la despensa no carecían de cosas ricas o regalos importados que me fascinaba ver.

En los mediodías después de los deliciosos almuerzos, venía una joven que sobaba a mi abuela y le daba masajes... Purita la *sobandera**. Mi abuela siempre sufrió de grandes dolores de cabeza para los que nunca se encontró la causa ni su cura. Ella aprendió a vivir con esos dolores y los enfrentaba con decoro, sin quejarse. Solo cuando los dolores eran demasiado intensos, se acostaba en silencio en la oscuridad. Era una mujer de una energía impresionante, ayudadora de los demás, siempre con visitas en casa y nosotros visitando a su enorme familia.

En las noches, mi abuelo y yo íbamos de casa en casa de sus hermanas a hacer tertulia, conversar de los acontecimientos del mundo y de la vida y los personajes de Cartagena. Caminábamos en la oscuridad, agarradas de la mano, pues todos vivían cerca. Ella siempre me contaba historias de su infancia y de su familia, con detalles cómicos que me hacían reír a carcajadas. Alegre, cariñosa, dicharachera, le decían Toty, por un sobrinito que nunca pudo decir Sofía.

En mí sigue impregnado su olor, su piel suave y fina, sus manos que me agarraban con firmeza y protección al hacer nuestras caminatas nocturnas. La recuerdo siempre cocinando algo delicioso, arreglando planchas, la tostadora, sembrando en el jardín diferentes flores o en su máquina de coser haciéndome algo lindo para el colegio. Atendía a mi abuelo con esmero y vivieron cincuenta y siete años de felicidad y amor.

Recuerdo que mi abuelo, ya entrado en sus noventa años, me llamaba aparte y me susurraba: «Mírala, mírala... ¿no te parece hermosa mi Sofía? Esos ojos, esa cintura... Mi mujer, mi Sofía, ¡es un hermoso regalo de Dios para mí!».

Nunca olvidaré su amor y su dedicación por mi bienestar. Mis abuelos fueron un bálsamo de amor para mí en momentos y años donde la vida no fue muy amable. Los recuerdo continuamente y los llevo en un lugar muy especial en mi corazón hasta el día en que me toque reunirme con ellos. ¡Ese día seré yo la que lleve los chocolates en el bolsillo!

Nota
* *Sobandero*: En Colombia, persona experta en dar masajes o fricciones con fines curativos.

Capítulo

Me ama, no me ama, me ama...

«*Una nueva puerta siempre se abrirá si mantengo mi fe y mi confianza en Dios, negándome a fracasar, y que saldré adelante*».

Los jueves famosos, cuando me encontraba con mi padre en casa de la tía Luchy, transcurrían con normalidad. Siempre trataba de hacer reír a mi padre con cuentos agradables que al menos le provocaran una sonrisa. Y cada jueves, él me llevaba una bolsa de caramelos *Kraft* y me prestaba el auto para que fuera a pasear con mis amigas.

Mi madre me enseñó a conducir desde los once años frente al Club Naval donde había poco tráfico en horas tempranas de la mañana. Además, como era una ciudad pequeña, era costumbre que nos dejaran conducir dentro de la ciudad de Bocagrande, donde vivíamos. No me habían enseñado a dar marcha atrás, así que teníamos que parar a algún buen samaritano para que lo hiciera y nos pusiera para adelante para continuar con nuestras

> **Todas las amigas y yo esperábamos los jueves en la tarde con entusiasmo, y todas teníamos una lista de casas por donde pasar para ver al novio del momento.**

escapadas y viajes llenos de algarabía y gritos de júbilo al pasar por las casas de los noviecitos.

Todas las amigas y yo esperábamos los jueves en la tarde con entusiasmo, y todas teníamos una lista de casas por donde pasar para ver al novio del momento. Lo cómico de todo es que nunca había nadie afuera, y continuábamos con nuestro paseo emocionadas de ver la casa donde habitaba el amor.

En una de esas andanzas, nos vio la muchacha de la casa de mi abuela que estaba comprando pan en la panadería donde le rogábamos a un taxista que nos diera la marcha atrás... ¡y ese fue el último paseo! Llegaron noticias a donde mis abuelos, mi padre se enteró y nunca más me prestó el automóvil... pero antes me enseñó a dar marcha atrás. Allí, ese día, completé mis clases de conducción para no volver a tomar un volante hasta los dieciséis años.

¡Al fin juntas!

Los años pasaban con rapidez entre enamorados, felicidad y esperando con ansias las largas cartas de mi madre o sus llamadas de Estados Unidos. Hasta que en una de esas llamadas nos dio la buena noticia de que tenía un empleo estable, le iba muy bien y estaba viviendo en casa de unos primos. Incluso, le habían dado la confirmación para que yo me fuera a vivir allá también. Entre lágrimas por dejar a mis abuelos, amigos, colegio y todo lo que siempre había conocido, me lancé a esperar con emoción el día de mi partida.

Procedimos a sacar el pasaporte, las fotos, etc. Cuando llegó el día de recogerlo en la alcaldía de Cartagena, mi padre y yo salíamos del viejo y blanco edificio en el centro de la ciudad amurallada cuando uno de sus tantos amigos se le acercó y, poniendo su mano sobre mi cabeza, le dijo: «Bob, ¡qué grande está Claudia Margarita!». Yo no entendí nada, ¿de quién estaba hablando? ¡Mi nombre era Elsie Lucila Méndez de Zubiría!

Algo no me gustó, me sentí incómoda y mi reacción fue salir corriendo, montarme en un taxi y pedir que me llevaran a casa de mi abuelo, Alfredo de Zubiría. Me cuentan que cuando llegué, me desmayé. La impresión había sido grande. No hablé más del asunto.

A los pocos días, monté en el avión, acompañada por la persona de la aerolínea encargada de entregarme a mi madre en el aeropuerto.

A los pocos días, monté en el avión, acompañada por la persona de la aerolínea encargada de entregarme a mi madre en el aeropuerto internacional «Louis Armstrong», en la ciudad de Nueva Orleans, Luisiana, Estados Unidos.

La llegada fue maravillosa. Mi madre emocionadísima no paraba de abrazarme. Me tenía la cama llena de regalos como hacía en Navidad y me había preparado una fiesta de bienvenida con todas sus amistades en esa ciudad. Sin embargo, teníamos mucho de qué hablar, ella lo sabía y yo también. Había muchas cosas ocultas para mí que necesitaba saber y que ella necesitaba explicar.

Los primeros días fueron llenos de arreglos y búsquedas de colegio, uniformes, compra de todo lo necesario para iniciar esta nueva etapa que me asustaba, pero que yo disimulaba al ver la felicidad de mi madre de tenerme al fin con ella.

Gracias a los primos que estaban muy bien posicionados en Nueva Orleans, me matricularon en uno de los colegios privados más conocidos de la ciudad. Yo era una de tres latinas en toda la escuela. Una era la hija del cónsul de Nicaragua, y la otra, nicaragüense también, era hija de un político famoso, cafetalero de ese país. De inmediato, hicimos amistad y llegaron a ser mi puente de ayuda en medio de tantas niñas estadounidenses de diferente cultura y manera de ser. Tenía doce años.

El comienzo de mi nueva vida

La gracia de Dios me puso en lugar de privilegio con las niñas de mi curso y en seguida comenzaron las invitaciones. En medio de una intensa vida social, comencé a ver que había una cantidad de cosas que jamás había vivido ni visto. La mayoría de mis compañeras de estudio, estaba tomando pastillas anticonceptivas... ¡y a mí, apenas me había agarrado la mano un novio! Otras fumaban y algunas ya estaban fumando mariguana o tomando pastillas raras que daban efectos raros por igual.

Esto impactó mi espíritu de manera terrible. En seguida sentí que se encendían todas las alarmas de mi cuerpo y, como es obvio, no quise volver a las famosas invitaciones. Mi madre, sin entender lo que estaba pasando, se asombraba de mi falta de interés en participar con mis amiguitas estadounidenses, pero yo no quería decirle lo que estaba viendo y mucho menos pasando a mi alrededor.

En esas, un día llegó una noticia que me llenó de alegría. Un pretendiente de Barranquilla vendría a estudiar inglés a Estados Unidos y estaría un tiempo con nosotros. Como es natural, esto fue una ilusión muy grande y el comienzo de mi primera historia de amor.

A mi madre le encomendaron que estuviera pendiente de él, así que lo ayudamos en todo para que se estableciera y fuimos su familia aquí. En verdad, fueron días hermosos vividos con la dulzura, la pasión y el gusto del primer amor.

Así transcurrieron los días y los años, hasta que se cruzó otra persona en el camino que me volvió loca por él. Era el hermano de la niña hija de los cónsules de Nicaragua y allí poco a poco fui olvidándome de mi amor barranquillero que ya estaba a punto de regresar a Colombia. Ese fue el segundo amor, enamorada del amor y de su familia que me quería muchísimo, fueron también unos años bellos, llenos de alegría y paz.

Una triste realidad

Mi madre, dedicada a mí y a su trabajo en el consulado argentino, vivía feliz en la tranquilidad de esta gran nación y alejada de su vida en Cartagena que tanto dolor le había causado. Como era de

En verdad, fueron días hermosos vividos con la dulzura, la pasión y el gusto del primer amor.

suponer, llegó el día en que tuvimos la conversación necesaria sobre qué había pasado entre ella y mi padre tantos años antes en nuestro hogar.

Esta conversación vino a raíz de las muchas cartas que llegaban de mi padre, en ese momento diplomático en Brasil. Esas cartas que yo no abría las devolvía tal y como llegaban. Mi corazón me decía que había traición, mentiras y algo que yo, al conocer la verdad, confirmaría todo lo que mi espíritu siempre había presentido.

Una tarde de lluvia en medio de un almuerzo preparado en casa, nos sentamos en el balcón del apartamento, viendo las gotas sobre el jardín y sobre las canastas de flores que colgaban a su alrededor. Entonces, le pedí a mi madre que me hablara con total sinceridad, pues ya era hora de que se me incluyera en esta historia donde yo, al parecer, era la única que no sabía lo que había sucedido en verdad.

Con gran dolor, mi madre procedió a contarme la triste realidad de lo que fueron muchas de las infidelidades, la traición final y una vida vivida en desorden que llevó mi padre hasta el final de sus días.

Mi madre cuenta que mi padre siempre fue infiel. Tuvo el problema de faldas toda su vida y la estocada final la dio con una secretaria de su bufete legal (él fue abogado y diplomático). Esta persona se metió de lleno, decidida a quedarse con lo que

> Con gran dolor, mi madre procedió a contarme la triste realidad de lo que fueron muchas de las infidelidades, la traición final y una vida vivida en desorden que llevó mi padre hasta el final de sus días.

era nuestro, destruyendo un hogar que una vez fue ejemplar y feliz.

Pasaron más de once años en que no vi a mi padre. Él estuvo todo ese tiempo entre Brasilia y São Paulo de Cónsul General.

En cuanto a mi madre y a mí, solo regresábamos a Cartagena y a Bogotá de visita. En una de esas oportunidades, se realizó mi presentación en sociedad en Cartagena, algo que es tradicional en esa ciudad. Sin embargo, cada vez me sentía más alejada de mis amigas. La realidad era que habíamos tomado rumbos distintos, y hasta algunas de ellas estudiaban en otros lugares del mundo. Ahora, todas éramos adultas con vidas y experiencias diferentes. Así que en mi corazón tuve que decir: «Adiós, Colombia».

Capítulo

Vuelve y juega...
¡de regreso a la tierra!

«No puedo controlarlo todo, pero que sí puedo tomar la decisión de ser flexible en situaciones y momentos donde todo te grita "¡NO!"».

apunto de graduarme de bachiller, llegó una tía de mi madre a Nueva Orleans que estaba de paso, pues se iba de gira por Europa con su nieto preferido. Hicimos gran liga de personalidades, aunque ella ya era una señora entrada en años. Al parecer, le pareció terrible que yo estuviera a punto de graduarme sin futuro y con ideas serias de casarme a tan temprana edad con el novio nicaragüense. Entre mi madre y ella tomaron la decisión de llevarme a Colombia, hospedándome con ella en su gran apartamento en el Hotel Tequendama en Bogotá. Ella vivió allí por años y pensó que juntas podríamos pasar un tiempo agradable.

Casi me quedo helada al escuchar la noticia, pues yo estaba enamoradísima de mi novio y no podía creer que mi mamá me hiciera esto. En contra de mi voluntad, me fui para Bogotá llorando durante todo el vuelo (por cierto, en primera clase, gracias a una amiga que trabajaba en esa aerolínea).

De nuevo en Colombia

La vida con la tía fue como de ensueño. Para mí vivir en tan gran hotel, con toda la atención de un hotel cinco estrellas y con todos los objetos de esta tía que era increíblemente impresionante como mujer, persona y ejemplo. Quedó viuda muy joven, sacó adelante a sus cuatro hijos, estudió la carrera de diplomacia y ejerció como Cónsul en Nápoles, Italia, a los sesenta y siete años de edad. En fin, una mujer maravillosa que marcó mi vida y me llenó de sueños.

Viviendo bajo su cuidado y viendo el mundo que se abría a mis pies, inicié una carrera de modelo de televisión, calendarios y todo tipo de trabajos que llegaban a mi vía de las agencias publicitarias de la ciudad. Como es obvio, la relación amorosa desde lejos se iba apagando cada día. Tratamos de mantenerla hasta que por fin decidimos terminarla del todo.

> **Como es obvio, la relación amorosa desde lejos se iba apagando cada día. Tratamos de mantenerla hasta que por fin decidimos terminarla del todo.**

En medio de una agenda apretada, llena de compromisos sociales y muchos pretendientes, la tía trató de hablar con mi padre, que aún seguía en Brasil, para ver si quería ayudar con mis estudios universitarios. Con la sorpresa para todos, contestó con un rotundo «NO». Alegó que sus gastos eran muy fuertes y no estaba en su presupuesto ayudarme. Para la tía y para mí, esto fue un golpe terrible que nos llenó de tristeza y desaliento. Había todo para que esto fuera un éxito. El decano de una de las mejores universidades del país era tío de mi madre e íntimo amigo de la tía, y yo estaba más que deseosa de poder estudiar y obtener una carrera universitaria. Mi madre tampoco pudo ayudarme... por lo tanto, ese sueño murió con rapidez.

El amor... ¡y el matrimonio!

Enfrentándonos a la situación, se decidió que yo aceptara un trabajo en una de las aerolíneas colombianas que tenía oficinas en el Hotel Tequendama donde vivíamos. Esto me llevó a conocer a muchas personas interesantes y a tener pretendientes de todas partes del país.

En medio de esta vida acelerada e interesante, apareció el que sería mi esposo. Lo conocí a través de un cantante muy conocido con el que estaba saliendo y me llevó al concesionario de automóviles para que conociera a su amigo, el dueño. En cuanto me vio, dice que le dijo a mi novio: «Cuando dejes de salir con ella, yo la pienso invitar. ¡Me fascina!». Ese día, nos llevó a su casa a almorzar. Nos atendieron con gran elegancia y salí de allí con una bolsa de caramelos Kraft que me regaló el que sería mi esposo poco meses después. Al recibir los caramelos Kraft, recordé a mi padre que me los traía todos los jueves. Esto ha debido de ser una señal del cielo. Nos casamos por lo civil en Panamá; el divorcio no existía aún en Colombia.

Desde el primer momento de nuestro matrimonio, todo fue como de película. Regresamos juntos en nuestro pequeño avión privado, parando en Cartagena, mi ciudad, para pasar la noche debido a un mal tiempo. Allí iniciamos nuestra vida en medio de champán y una comida igual de fabulosa... justo en el mismo hotel donde mis padres se encontraron y enamoraron.

> Iniciamos nuestra vida en medio de champán y una comida igual de fabulosa... justo en el mismo hotel donde mis padres se encontraron y enamoraron.

La inevitable ruptura

Al llegar a Bogotá, encontramos que había mucha expectativa en cuanto a nuestro matrimonio. Él era uno de los solteros más codiciados de Bogotá y, yo, mucho más joven que él. Era una noticia jugosa para esos curiosos pendientes de la vida de los demás.

De inmediato, comenzó nuestra intensa vida social con fiestas e invitaciones cada noche. Los fines de semana estaban llenos de sorpresas, cada uno en una casa de campo de algún lugar, fincas o playas, siempre acompañados por amigos y familia de parte de él. No había tiempo para aburrirse.

Casi a los dos años de matrimonio, quedé embarazada de mi primera y única hija. Esto nos produjo mucha alegría, pues era la culminación de nuestro amor. ¡Estábamos radiantes de alegría!

Nuestra relación fue intensa, apasionada. Estábamos profundamente enamorados el uno del otro, pero existían grandes problemas que nos envolvían: Su familia, su trabajo de nunca acabar y su carácter unido a mi inexperiencia, juventud y mi carácter voluntarioso, nos llevaron por caminos para nunca regresar.

Después de seis años de tratar una y otra vez sin parar, un día no pude más y decidí esperarlo con la noticia de que me iba definitivamente con mi hija. Salí de esa vida y de esa casa con mi hija, la niñera y ocho maletas con mi ropa y cosas personales. Todo lo demás quedaría en ese museo que fue mi casa.

Durante tres años tratamos en varias ocasiones de volver, de reparar lo roto, evitando y tratando de sanar las mutuas acusaciones y heridas. A pesar de que nos seguíamos amando, no supimos cómo restaurar lo perdido. Ante esa inevitable ruptura tomamos caminos diferentes, ambos con el corazón destrozado y hecho pedazos, al ver la pérdida de un gran amor debido a la falta de comprensión.

Después del abandono de mi padre, este fue uno de los momentos más dolorosos y tristes de mi vida. Una vez más, perdía al hombre que amaba. Otra estocada en un corazón que ya venía lleno de grietas y que apenas estaba *pegado con saliva.*

Luego, intenté rehacer mi vida en Bogotá. Sin embargo, debido a que él era una figura demasiado pública e importante, me resultaba difícil volver a vivir y rehacer mi vida. A cada paso encontraba que me seguían detectives, así que me sentía acorralada en todas las esquinas. Después de un fallido intento de salir con un pretendiente, pues él me descubrió, comprendí que la vida sería un infierno allí. De modo que decidí dejar la agencia de viajes que me había quedado y emprender vuelo hacia Nueva Orleans con mi hija.

De nuevo hacia casa de mamá. Una vez más... «adiós, mi Colombia».

> **Después del abandono de mi padre, este fue uno de los momentos más dolorosos y tristes de mi vida.**

Capítulo

De pie por dentro

«Si vivo el momento, celebro mi ahora. Y si tengo que llorar, lo hago con todas las ganas y el entusiasmo como si fuera la última, pero después... me sacudo el polvo y camino con hombros erguidos hacia mi próximo desafío».

Llegué a Nueva Orleans, Luisiana, donde vivía mi madre, con las mismas ocho maletas con las que salí de casa soltera, pero con una niña de tres añitos, asustada, pero a la vez decidida a reparar lo roto e iniciar un nuevo destino en los Estados Unidos de América.

Para esta época, mi madre ya tenía novio, y nosotros llegamos a ser un poco inoportunas, aunque lo disimuló bien ayudándome en todo. El golpe de la separación y el encarar una nueva vida me tuvo encerrada unos meses gastándome los dólares que logré traer después de vender mis cosas heredadas de mi abuela y mi madre, pues como es obvio salí sin un peso de ese matrimonio.

Logré aguantar ocho meses, pero un día descubrí que se había acabado el dinero. Lo poco que me enviaba el padre de la niña no alcanzaba ni para una semana de leche. Mi madre me hizo una especie de «intervención» con su novio y me dieron la noticia que iba a tener que trabajar. Alarmada, pregunté: «¿Y en qué?».

> **Vestida como una Barbie, llegué a mi trabajo feliz de poder servir en algo, con sueños de un gran futuro que aún no veía claro.**

Una nueva vida

Después de varias semanas, mi madre tuvo la gran idea de llamar a una amiga abogada para ver si en su bufete de abogados necesitaban a alguien que sirviera de recepcionista. Sí, el puesto era mío. Yo, vestida como una Barbie, llegué a mi trabajo feliz de poder servir en algo, con sueños de un gran futuro que aún no veía claro.

Mi corazón quebrantado se iba sanando poco a poco y con gusto empecé a empaparme de todo lo que tuviera que ver con los aparatos telefónicos, las máquinas de escribir y los largos documentos que nunca parecían acabar. Siempre había tenido facilidad para escribir a máquina, y en seguida corrió la noticia de mi habilidad y rapidez. Esto me sobrecargó de trabajo y pronto me comencé a sentir agobiada e insatisfecha.

Entonces, una amiga me ofrece ir a una entrevista de un juez, abogado amigo, que necesitaba una secretaria legal. Como es natural, le dije que no era eso, pero me dijo: «Aprenderás... Elsie, no dejes pasar esta oportunidad, pues pagan muy bien». Con un susto en el estómago me fui a la entrevista y me contrataron. El abogado era divorciado, mayor, y se veía que su vida estaba un poco desordenada en todos los aspectos.

Por lo tanto, yo llegué y, como buena latina, le llevaba su cafecito con un cruasán en las mañanas, le cuadraba su chequera, enviaba su ropa a la lavandería y los miércoles le cuidaba a su hija de nueve añitos, pues ese era su día de verla. Llegaba a la oficina a mediodía, la llevaba a almorzar y de compras, algo que yo sabía hacer muy bien.

Así transcurrió el tiempo y cada día había más trabajo. ¡Eran horas interminables! Además, la oficina crecía a pasos agigantados. Así que tenía que trabajar horas extras. Esto causó problemas con la persona que me cuidaba a mi hija cada vez que llegaba tarde para recogerla y sufriendo las malas caras por recogerla a deshoras.

Como todo en la vida, en ese tiempo apareció un pastor que fue uno de los protagonistas de los Marielitos* de esa época. Nos conocimos y yo le conté mi situación con mi hija y las horas terribles que tenía que trabajar en la oficina. Entonces, conmovido, me ofreció trabajar con él, pues había recibido un subsidio del gobierno para visitar las diferentes cárceles y prisiones del estado, y necesitaba un intérprete. Esto solo sería unas cuantas veces al mes, así que el resto podía quedarme en casa... ¡y con el mismo salario cuidando de mi hija! ¡Pensé que había encontrado el cielo! Por eso acepté encantada.

Así empecé una etapa más tranquila... ¡y más rumbera también! Debido a que solo trabajaba varios días al mes, el resto del tiempo lo tenía para dormir, descansar y divertirme. Con solo veintitantos años, con la vida por delante y acompañada de un grupo de amistades fabulosas, pasaba días encantadores. Fiestas, paseos y reuniones agradables con gente hermosa que nunca olvidaré. Todos amaban a mi hija y ella era como nuestra mascota. El bolso del bebé en el maletero, cargado de todo lo necesario... *¡y pa' la calle!* La niña era el centro de atención de todo, llenándola de mimos y afecto.

> **Debido a que solo trabajaba varios días al mes, el resto del tiempo lo tenía para dormir, descansar y divertirme.**

Creo que debido a mi personalidad, la gente veía talentos en mí que yo ni imaginaba siquiera.

Mi incursión en bienes raíces

Un día, un amigo me dice que su jefe me quería conocer, pues estaban construyendo una subdivisión para latinos y necesitaban vendedores. Mi amigo me dice que yo lo podría hacer con facilidad y que él me prepararía, pues ya estaba ganando un dineral con ellos y que eso sería una oportunidad única.

En esos momentos, tenía planeado terminar el trabajo con el pastor y regresar a Colombia, pues encontraba que la vida aquí era un poco triste y sola en medio de todo. Sentía que la niña necesitaba más contacto con su padre, tener más relación con sus primitos y con su familia en general. La vida sería diferente. En el verano, la niña estaría con su padre pasando vacaciones y, luego, yo regresaría a Bogotá en agosto.

Esto era finales de mayo. Le comenté a mi amigo que pensaba irme y me insistió que por lo menos tratara el tiempo que me quedaba, y que si necesitaba unos días para cumplir con mi otro trabajo de ir a las cárceles con el pastor, que no habría problema.

> Cuando pregunté dónde estaban las oficinas o las casas modelo, me llevaron a un enorme lote de varias cuadras, vacío, era solo tierra y calles.

Me contrataron el mismo día que fui al almuerzo. El jefe era un judío brillante en ventas y tenía unas metas fuertes para la venta de las casas. Cuando pregunté dónde estaban las oficinas o las casas modelo, me llevaron a un enorme lote de varias cuadras, vacío, era solo tierra y calles.

Me informaron que por el momento venderíamos desde el maletero de nuestros autos, y que ya en unas semanas, nos darían una casa móvil para usarla como lugar de ventas mientras se construían las casas. No muy convencida, acepté y dije: «Bueno, no pierdo nada con probar».

El primer día, llegué y mi amigo me dijo: «Mira la manera en que hablo, lo que digo y cómo lidio con los clientes. Tú vas a hacer lo mismo. Yo voy a atender al primer cliente y después practicas tú». Nerviosa, acepté. ¡Hacían publicidad en la radio local latina y las llamadas eran impresionantes!

Llegaba la gente como si estuviéramos regalando las casas. Los hispanos del lugar llegaban en masa a comprar emocionados. Muy complacida, vendía con todas las ganas y con todo el entusiasmo del mundo. Creo que ese fue mi éxito desde el primer momento. Seguí a mi amigo Fernando en todo lo que hacía, ¡y vendí cuatro casas en mi primer día!

> **Había un problemita... las casas vendidas las pagarían solo cuando se entregaran ya construidas y para esto se necesitaba esperar de seis a siete meses.**

Sorprendida y feliz, comencé una carrera impresionante en la venta de casas. Llegué hasta a vender sesenta casas al mes. El dinero era absolutamente increíble y los cheques aun más. Sin embargo, había un problemita... las casas vendidas las pagarían solo cuando se entregaran ya construidas y para esto se necesitaba esperar de seis a siete meses. Y ya se acercaba a pasos agigantados el día de mi viaje a Colombia.

Tenía más de doscientos mil dólares en comisiones sin cobrar, y a mi madre y a mis amistades les parecía una locura irme para Colombia justo en el momento en que, a los pocos meses, comenzaría a cobrar mis fabulosas comisiones. Ya mi hija no tenía cabida en la escuela en Nueva Orleans y no había manera de conseguirle un lugar a esas alturas y fechas. Así que decidí dejarla con su padre, que ya tenía todo arreglado en Bogotá, y me quedé, según era de suponer, un tiempo más mientras me pagaban y se entregaban las casas.

Como es natural, mientras más pasaban los días, más casas vendía. Las personas lindas que me compraban eran las que mejor llevaban mis relaciones públicas. Me recomendaban a tantas personas que no daba abasto con tantas ventas. Mi amigo Fernando y yo éramos los vendedores número uno de la empresa en medio de otras treinta personas que vendían en diferentes subdivisiones. Éramos los reyes de *Live Oak Builders*. Y, además, latinos. Por otra parte, nos complacía mucho ser ejemplos de tenacidad, excelencia y pasión por lo que hacíamos en la empresa.

Viento en popa y a toda vela

A veces la vida nos juega malas pasadas... que no entendemos. ¿Cómo es que ganando tanto dinero ya no había manera de dar marcha atrás ni de parar? La niña parecía estar feliz en su escuela y con su padre. Nos veíamos con frecuencia en los tiempos de vacaciones y los fines de semana de días festivos. Yo engañaba mi corazón por su falta, consolándome pensando que por lo menos crecería al lado de su padre, con todas sus comodidades y rodeada de una familia grande que no tenía yo. El círculo mío aquí era tan pequeño, solo mi madre y yo, que la idea de que mi hija estuviera rodeada del cariño de familia, tíos y primos consolaba el dolor de mi corazón.

> El negocio de las casas se adueñó de mi vida durante cuatro años. Fue una bonanza indescriptible.

Al parecer, esto era como una tirita en mi corazón. La herida de la falta de mi hija la tapaba con curas invisibles y pensamientos que hacía lo que debía y tratando de contrarrestar el tiempo perdido pasando días bellos y de calidad cuando nos veíamos.

El negocio de las casas se adueñó de mi vida durante cuatro años. Fue una bonanza indescriptible. Nunca he ganado tanto dinero y nunca había trabajado tanto. Solo teníamos un día libre y trabajábamos en las casas modelo desde las diez de la mañana hasta las diez de la noche. Almorzábamos allí mismo, y si salíamos, era por un ratito nada más. Cada vez que no estabas, se perdía una venta. Fue un *boom* entre los hispanos esa subdivisión de doscientas setenta casas, de las cuales yo vendí más de la mitad.

De allí nos pasaron a otras subdivisiones hasta que un día, cansada de esa vida que no era vida, decidí que tenía suficiente dinero ahorrado y que me retiraba para buscar el amor.

¡Hay amores que matan!

En esa época, conocí a un muchacho de Puerto Rico que me perseguía sin parar. Así que, después de un par de años de noviazgo, decidí aceptar su propuesta de matrimonio e irme a vivir a San Juan. Al finalizar sus estudios en la Universidad de Nueva Orleans, regresó a su tierra, a la isla del encanto, Puerto Rico.

Pensé que el amor había tocado a mi puerta y decidí abrirla con gusto y pasión. Empaqué mis cosas, envié mi automóvil, me fui a San Juan a casarme por la iglesia y por lo civil con la persona que pensé sería para siempre. Todo con el deseo y las ilusiones de que formaríamos un gran equipo. Vivimos en un precioso y lujoso apartamento frente a la laguna del Condado donde iniciamos nuestras vidas con amor y muchas expectativas.

Algo que me preocupaba, pero que siempre tendía a sacudir debajo de la alfombra de mi corazón, eran algunos ataques de celos de su parte con amigas, mi madre y hasta mi propia hija. Sin embargo, pensaba que todo esto se le pasaría al estar casados y ya teniéndome a su lado en Puerto Rico. ¡Qué equivocada estaba! ¡La cosa se puso peor!

> Con el paso de los días, después del matrimonio, comencé a sentirme como una prisionera en mi propia casa.

Con el paso de los días, después del matrimonio, comencé a sentirme como una prisionera en mi propia casa. Él no quería que yo trabajara, ni que fuera a la peluquería, ni de compras... ¡y que no se me ocurriera salir sola! Creo que mi automóvil no salió del garaje, sino unas pocas veces en el tiempo que estuve allí. Él manejaba las cuentas y hacía las compras. Todo lo tenía absolutamente controlado.

La cárcel del horror

A partir del tercer mes de matrimonio, la cosa se había empeorado tanto que confié en una amiga que alguien me presentó desde Nueva Orleans. Le conté mi situación y lo que estaba pasando. Visiblemente impresionada, me invitó a almorzar con su esposo para que él supiera también de mi caso. Muy preocupados después de derramar mi corazón y confesarles todo lo que me sucedía, me dijeron que les parecía que mi esposo era un abusador y las cosas podrían empeorarse. Así que me aconsejaron que pensara muy bien lo que haría antes de traer a mi hija, matricularla en el colegio, y vivir en Puerto Rico. Para ellos, él tenía todas las señales del abusador compulsivo, manipulador, celoso y controlador.

Fueron días muy difíciles, conflictivos. Hasta llegué a pensar que él no estaba bien de la cabeza por la manera en que me trataba y manejaba las cosas. Cuando se dio cuenta de que yo había confiado en otra persona y que le había contado todo lo que sucedía, en un ataque de ira arrancó los cables del teléfono y me encerró dentro del apartamento con cadenas gruesas que tuvieron que venir a romperlas con una sierra eléctrica. Me dijo: «Si no eres para mí, no serás para nadie. De esta isla no sales viva».

> **Él tenía todas las señales del abusador compulsivo, manipulador, celoso y controlador.**

La liberación

El día en que me encerró con las cadenas pude enviarle un mensaje a mi amiga a través de la puerta, suplicándole a un vecino que me ayudara y la llamara. Él se había ido a trabajar a un pueblo cercano y sabía que no regresaría hasta la noche. Ella y su esposo vinieron de inmediato, y cuando vieron la puerta con las cadenas, tomaron acción.

> Debo decir que, en medio de la angustia, el dolor y el miedo que experimenté en Puerto Rico, tengo la seguridad de que Dios siempre estuvo a mi lado.

Primero, trajeron un cerrajero que logró cortar las cadenas. Una vez liberada empaqué lo que pude y me llevaron a vivir a su casa. Entonces, llamaron a un abogado amigo, especialista en divorcios, y allí comenzó la guerra.

Recuerdo ese tiempo con gran tristeza. Fueron momentos duros, trágicos. Vendí mi lindo Mercedes-Benz que estaba nuevo aún, pues lo había comprado meses antes. Con ese dinero contraté al mejor abogado de San Juan para que me sacara de semejante lío que parecía de novela.

Viví con esta pareja encantadora en su enorme casa como si fuera una hija. Ellos, ya mayores, se sentían felices de poder tenerme en su casa. Sus hijas se habían casado y para ellos era maravilloso poder ofrecerme su amor y su apoyo. Fueron días de bálsamo, de paz, de risas y de grandes cenas, ya que ella era una de las chefs más famosas de Puerto Rico. Tenía varios libros escritos de recetas, éxitos de librería, aparecía en programas de televisión y era una de las familias más prestantes de la isla.

Lo increíble de todo es que esa fue una época muy linda, pero triste a la vez. Por primera y única vez en toda mi vida perdí más de catorce kilos en menos de un mes. Mi madre hasta se asustó cuando me vio llegar a Nueva Orleans. Ha sido la única vez que he perdido peso por tristeza. Por lo general, me da por comer en los momentos difíciles de la vida.

Sin embargo, debo decir que, en medio de la angustia, el dolor y el miedo que experimenté en Puerto Rico, tengo la seguridad de que Dios siempre estuvo a mi lado. Allí vi el gran amor de Dios, pues a pesar de que fui yo la que se había equivocado, Él nunca me había abandonado y su misericordia era nueva cada día.

Nota
* Marielitos: Nombre con el que se conoce a los cubanos que partieron en masa hacia los Estados Unidos desde el puerto de Mariel, Cuba, entre el 15 de abril y el 31 de octubre de 1980.

Capítulo

Pa'lante, caminante

«*Aunque haya tenido y vivido altibajos, siempre tengo que caminar hacia adelante, mirando lo invisible, no hay otro lugar al cual ir*».

El proceso de Puerto Rico duró alrededor de ocho meses, entre casada y tratándome de *descasarme*. El abogado logró todo lo que se pudo, recuperé algunas de mis cosas, otras él las había sacado ya del apartamento y, en realidad, ya no tenía interés en las cosas materiales que quedaban de tan desastroso momento... ¡solo quería olvidar!

Un nuevo comienzo

En Nueva Orleans, golpeada, deprimida, sumida en la tristeza, me sentía inquieta. Hasta me asustaba con solo pensar que él se me pudiera aparecer y hacerme algo. Quedé con el miedo de todas sus amenazas, y después de consultarlo con mi madre, decidimos que me fuera a Colombia por un tiempo. Además, sentía la necesidad urgente de restaurar las relaciones con mi

> **Al parecer, mi padre había constituido su propia familia con la secretaria que se cruzó en nuestro camino, rompiendo nuestro hogar en pedazos irrecuperables.**

padre que, por cierto, ya había regresado de su cargo diplomático en Brasil.

Y volviendo al capítulo de mi padre, eso podría ser un libro aparte, habían pasado más de once años de no verlo, de no querer saber más de él cuando descubrí su engaño, su traición a nuestra familia. Se había ido a Brasilia, Brasil, y después estuvo casi diez años en São Paulo de Cónsul General. Durante esta época, no supe nada de él, se había cansado de enviar cartas y de recibirlas de vuelta... sin que se abrieran jamás.

Al parecer, mi padre había constituido su propia familia con la secretaria que se cruzó en nuestro camino, rompiendo nuestro hogar en pedazos irrecuperables, y sin siquiera mirar atrás, como suele suceder en estos casos. Tuvo dos hijos con ella y con esos se fue a vivir la gran vida a Brasil.

Durante ese tiempo nunca envió un centavo. Mi madre fue la que tuvo que sacarme adelante muchas veces hasta teniendo dos trabajos de día y de noche. Yo nunca, hasta hoy, me había dado cuenta de los esfuerzos que hizo mi madre por darme una vida decorosa, una vida de niña bien, con todo, sin faltarme nada. Jamás se quejó, jamás oí una sola palabra de resentimiento. ¡Jamás!

Once largos años

Recuerdo que, al principio de mi separación y ya en Colombia, mi padre regresó de Brasil y estaba en el aeropuerto de Bogotá haciendo el papeleo de sus enseres. Entonces, decidimos encontrarnos después de once años sin vernos. Mi hija y yo nos vestimos como dos princesitas, emocionadas de ir a conocer al abuelo y yo a mi padre, que ya no recordaba sino a través de fotografías.

Llegamos al aeropuerto con emociones encontradas, felices y a la espera... y esperamos y esperamos. Salieron todos los del vuelo y nunca lo vimos. Con el corazón en la mano, regresamos a casa para después recibir una llamada suya desde el hotel preguntándonos qué nos había pasado. ¡Ni él ni yo podíamos creer que no nos habíamos reconocido hasta el punto de no poder conectarnos! Ya sin mi niña, pues era tarde, tomé mi auto y, con el corazón palpitando fuerte en mi pecho, me fui al hotel para el famoso encuentro.

> Esa noche, después de las trivialidades que conversan dos personas que no se han visto por tanto tiempo, entré en materia preguntándole muchas cosas.

Toqué a la puerta de su habitación para encontrar al hombre elegante, alto y bien plantado de siempre. Solo su cabello había escaseado y estaba un poco más gris, pero era la misma sonrisa, la misma voz... impresionante. ¡Era mi padre, mi padre amado!

Esa noche, después de las trivialidades que conversan dos personas que no se han visto por tanto tiempo, entré en materia preguntándole muchas cosas. Él tenía dolor de cabeza y no fue muy amable en sus respuestas, ni en sus excusas de lo ocurrido. Al ver su desagrado y molestia, llegó el momento de cortar la conversación y me despedí invitándole a almorzar para que pudiera venir a conocer a su primera nieta.

Tengo la facilidad de perdonar. Al día siguiente ya había pasado todo. Era un nuevo día y disfrutamos de una tarde amorosa con mi hija, Catalina, y su abuelo que la conquistó con sus cariños y juegos.

Antes de terminar...

Sí, antes de terminar este capítulo, quiero ofrecerte lo que he titulado «Pasos de elefante». Se trata de los momentos de nuestra vida en los que analizamos si estamos avanzando y si estamos

> **La excelencia es la calidad superior que hace que alguien, o algo, sean dignos de una alta estima o aprecio.**

obteniendo el fruto deseado por nuestra labor.

Durante toda esta primera etapa en el viaje que emprendimos juntos a través de mi vida, quiero mostrarte un primer paso que siempre me ha permitido dar lo mejor de mí... «¡la excelencia!». Así que es hora de que hagamos un alto para reflexionar en algunas ideas clave que te ayudarán a lograr la excelencia en todo lo que emprendas.

Esfuércense al máximo por responder a las promesas de Dios complementando su fe con una abundante provisión de excelencia.
2 Pedro 1:5, NT V

PRIMER PASO DE ELEFANTE:
«La excelencia para vivir mejor»

La excelencia es la calidad superior que hace que alguien, o algo, sean dignos de una alta estima o aprecio. La excelencia se vincula a la perfección y a las características sobresalientes en el ser humano. El término señala lo que está por encima del resto, que tiene pocos errores o puntos débiles.

Por ejemplo, la excelencia en los seres humanos hace mención de una capacidad extraordinaria o un talento difícil de igualar. Por otra parte, la excelencia es el tratamiento de respeto y cortesía con el que se honra a individuos debido a su condición, empleo o dignidad. Esta es la Ley del Reconocimiento.

Aspectos clave de la excelencia

- La excelencia es el puente hacia tu futuro.
- La excelencia es imposible de esconder.

- El éxito viene de una vida en excelencia.
- Dios ya te ha dado dones y regalos para ser excelente.
- La excelencia es la manera de lograr tus metas y sueños.
- La excelencia es la semilla de tu crecimiento.
- El crecimiento es el premio divino por haber honrado una ley divina. El que crezca todo en nuestra vida es una orden divina de Dios para nosotros sus hijos.
- Descubre tu propósito y define tu visión en la vida.
- Eres el producto del conjunto de tus creencias.
- Desarrolla, aumenta y fortalece tu autoestima a través de la educación continua.
- Implementa nuevos hábitos y conductas que se traduzcan en la realidad de tu propósito y visión.

Siete principios para vivir en excelencia

He aquí siete principios que puedes aplicar, a fin de que tu vida dé muestras de excelencia:

- Primer principio: Ser excelentes en nuestras conversaciones con Dios.
- Segundo principio: Ser excelentes en comunicarnos con sinceridad.
- Tercer principio: Ser excelentes en escuchar.
- Cuarto principio: Ser excelentes en discernir la diferencia de los momentos y las etapas de la vida.
- Quinto principio: Ser excelentes a la hora de resolver los desafíos.
- Sexto principio: Ser excelentes en la presentación.
- Séptimo principio: Ser excelentes en aprender y ser enseñable.

Las quince leyes de la excelencia

Si quieres experimentar la excelencia, no pases por alto las siguientes leyes:

1. Ley de la Puntualidad (Habacuc 3:1)
2. Ley del Orden (Mateo 6:33-34)
3. Ley de Metas y Sueños (Habacuc 2:2)
4. Ley de la Paciencia (Santiago 1:3)
5. Ley del Reconocimiento (Daniel 6:3)
6. Ley de Etiqueta y Protocolo del Reino (Génesis 41:14)
7. Ley de la Disciplina (Hebreos 12:11)
8. Ley del Hábito (Santiago 4:14)
9. Ley de la Adaptación (1 Corintios 12:31; Salmo 138:8)
10. Ley de la Obediencia (Levítico 19:37; Mateo 22:37-40)
11. Ley del Honor (Mateo 19:27-30)
12. Ley de la Semilla (Mateo 13:3-9)
13. Ley de la Diferencia (Romanos 8:28)
14. Ley del Diezmo (Malaquías 3:8-10)
15. Ley de la Responsabilidad (Colosenses 4:5)

> **Dale permiso a tu corazón y a tu mente para comprarte una visa para un sueño.**

Deja de dar viajes hacia el pasado y ponle un PARE permanente a esa eterna travesía. Dale permiso a tu corazón y a tu mente para comprarte una visa para un sueño. Comienza a manejar las leyes de la excelencia y verás cómo tu vida da un cambio total en menos de noventa días. ¿Estás listo para ser una persona de excelencia? Adelante, caminante.

 Para más información sobre este tema, descarga este vídeo gratuito en: http://www.elsiemendez.com/video1

SEGUNDA PARTE

«¡Juventud, divino tesoro!»

SEGUNDA PARTE
Murciélago: Cinco bocetos

Capítulo

Reencuentros divinos

«Aprendí que sin dominio propio, voluntad, sentido común y diligencia no llegaría a ninguna parte; por lo tanto, estas cualidades eran mis prioridades».

de regreso al momento de mi segunda separación en Nueva Orleans, me encuentro llena de temores y miedos por el «de repente» de encontrarme a mi «ex». Además, después de recordar lo vivido con mi padre la última vez que nos vimos, resolví que esta era la oportunidad perfecta de volver a mi tierra, Cartagena. Había llegado el momento de buscarlo, y también de conocer a un medio hermano mayor que me habían contado que existía. Deseaba buscar mis raíces y tener un encuentro con el pasado. ¡De frente y sin titubear!

Una visita especial

Una amiga fue el instrumento para llevarme de la mano a Cartagena, hospedarme en su casa y acompañarme a estas citas divinas. Recuerdo que fuimos a tocarle la puerta de sorpresa a mi medio hermano, mayor que yo, que vino al mundo de otra unión de mi padre en sus tiempos de soltería mientras estudiaba leyes en la capital del país.

Al abrir la puerta, casi se desmaya... ¡y yo también! Tuvimos que sentarnos, respirar y comenzar desde cero.

Cuando su esposa abrió la puerta, me presenté diciendo: «Hola, soy Elsie Lucila, la hermana de su esposo». Mi medio hermano estaba a unos pasos de ella y recuerdo que hizo un alto, abrió sus brazos y me dijo: «Pero *mi'jita*, no te quedes parada allí, ven y dale un abrazo a tu hermano, te he estado esperando».

> Cuando su esposa abrió la puerta, me presenté diciendo: «Hola, soy Elsie Lucila, la hermana de su esposo».

Allí se inició una relación bella. Ambos estábamos deseosos del calor y del amor de un hermano, de una hermana. Comenzamos a conocernos, descubrimos que teníamos los mismos gustos, nos encantaba la misma música y teníamos la misma «sabrosura» y voz que caracteriza a «los Méndez». Ambos habíamos estado en los medios. Mi hermano, por supuesto, llevaba muchos años en la radio y el teatro, y hoy era propietario de una de las agencias de publicidad más conocidas de la costa atlántica de Colombia, con clientes fuertes y buenos, mandando la parada en Cartagena como el rey de la publicidad y el mercadeo de la costa norte del país.

¡La cosa no termina aquí!

Esa noche nos reunimos todos, pues llamamos a mi padre. Ese fue otro encuentro impactante... mi pobre padre se presentó con la tía preferida, su hermana favorita, Lucila. Se encontraba tan conmovido al vernos juntos, que habló muy poco durante toda la velada. A fin de celebrar el encuentro, esa noche fuimos a comer al Club Cartagena.

Para mí fue una noche gloriosa, pues sentirme en familia siempre había sido un deseo que llevé por años en lo profundo de mi alma. Tenía sed de familia, así que mi corazón y mi mente la pedían a gritos.

Mi nueva familia

Cartagena es una ciudad pequeña, de sociedad cerrada. Las familias se conocen todas. Con solo saber los dos apellidos de alguien, en seguida te das cuenta con quién tratas y *de dónde salió esa garza*.

> Para mí fue una noche gloriosa, pues sentirme en familia siempre había sido un deseo que llevé por años en lo profundo de mi alma.

El reencuentro en mi tierra fue un gran acontecimiento. Mi llegada a la ciudad después de tantos años causó revuelo y fui la comidilla, y a la vez la alegría, de muchos. Me hospedé en el Hotel Hilton por varios meses mientras decidía lo que deseaba hacer con mi vida. El futuro era prometedor, pues de esta nueva familia brotaba la alegría, el sabor y la diversión a raudales, así que me tenían llena de fiestas y actividades.

Además, se hacía todo en forma de clan. Las reuniones, las fiestas y los cumpleaños eran motivo para celebrar juntos. Encontré primos y primas por parte de mi padre que no veía hacía años, y otros que nunca había conocido. La historia de nuestra familia es larga y extendida en cuanto a divorcios, separaciones, hijos de diferentes madres y demás.

Fueron siete hombres y dos mujeres del lado Méndez Villarreal. Todos los hombres se separaron o se divorciaron, iniciando vidas nuevas con otras mujeres. Lo increíble es que las dos mujeres estuvieron felizmente casadas con el mismo hombre toda la vida.

Mi medio hermano, me propuso que le ayudara como gerente de ventas de su empresa publicitaria y acepté encantada, convencida de que podría servirle de mucho. Y así fue...

> **Mi medio hermano, me propuso que le ayudara como gerente de ventas de su empresa publicitaria y acepté encantada.**

hasta le decoré su casa y su oficina con todo lo nuevo y más revolucionario de los Estados Unidos, llevándole un contenedor con muebles y accesorios para su nuevo hogar, un espectacular apartamento de un piso entero frente a la bahía de Cartagena.

Fueron años intensos. Se hizo mucho, se vivió con pasión y también logré equivocarme más. Mi hija vino a vivir conmigo a Cartagena. Fueron unos años de su infancia y adolescencia que vivió llenos de alegría, disfrutando de una vida de ciudad pequeña con costumbres marcadas, dejando huella y amistades para toda una vida.

¡Cuántos hermanos!

Durante estos años de búsqueda, y a la vez de reencuentros y nuevos encuentros, fui conociendo a más medio hermanos. Hasta donde sé, somos unos cinco, seis o siete hermanos... A algunos, nos esparcieron por tierras lejanas; y a otros, los dejaron en el mismo Cartagena. Marcados por el *Mendizmo*, tratábamos de buscar amor, aprobación y todo lo que se nos había negado de parte de este *gran señor*.

Hoy entiendo todo lo que se nos robó a estos hijos abandonados después de noches de pasión. Cada cosa que no vivimos con el padre, con esa figura que tanto marca e impacta el futuro, lo llevamos como un sello sobre nuestras emociones. Aprendí que *mi* familia, y la de todos, tuvo poco de convencional y mucho de bohemia, regida por una irresponsabilidad e irreverencia que dañaba los sentimientos de hijos que no tenían arte ni parte en decisiones tomadas en forma egoísta por un hombre que nos cautivó a todos con su encanto y donaire.

Otra anécdota fuerte, que siempre recordaré, es la de unos de estos «hermanos nuevos». Fue en la oficina de una de las grandes empresas de refrescos de la ciudad, donde yo estaba esperando al gerente para una compra de una pauta publicitaria para uno de mis programas televisivos. De pronto, se me sienta al lado una mujer joven y hermosa que, con un estilo desafiante, me pregunta:

—¿Tú eres la famosa Elsie Méndez?

Yo ya conocía el «tonito» y la pregunta casi siempre viene de alguien que es tu fan o de alguien que no le agradas. Esto se aprende con rapidez cuando eres figura pública y comprendes, a través de los años de experiencia en los medios, que no somos monedita de oro para caerle bien a todos... así que lo manejas con cautela. Por dentro pensé: *¡Dios! Esta es una de las que no me traga.*

—Bueno, de famosa no sé, pero sí soy Elsie Méndez —le contesté.

—Pues *mi'jita* —balbuceó ella de inmediato—, yo soy tu hermana, fulanita de tal...

No sé si fue por el calor en esa recepción, o por la cantidad de gente que había allí y que producía algo así como un vapor, ni qué fue lo que sucedió, pero me desmayé como Condorito, cayendo al piso. Al rato, me encontré con la secretaria del gerente abanicándome con una carpeta y regañando a la susodicha «hermana nueva». Me habían llevado al salón de conferencia con ella, donde allí pudo contarme su historia mientras yo olía alcohol de una toallita para ver si revivía de tan impresionante noticia.

> Hoy entiendo todo lo que se nos robó a estos hijos abandonados después de noches de pasión.

Como solía suceder con demasiada frecuencia, mi padre tenía una «debilidad» por sus secretarias y ella había nacido de una de ellas. Parece que su madre nunca había perdonado a mi padre por lo sucedido y me imagino que,

> **Como solía suceder con demasiada frecuencia, mi padre tenía una «debilidad» por sus secretarias y ella había nacido de una de ellas.**

igual que a mí y a todos los demás, se había hecho el de la vista gorda y no había asumido responsabilidad alguna por ella. Quedamos en vernos, conocer sus hijas y esposo, y entablar una amistad de hermandad. ¡La sangre llama! Así que sentí una gran ternura por ella, más aun al percibir su corazón destrozado por un padre que nunca supo serlo.

Lo lamentable es que pasaron los días y más nunca la volví a ver ni supe de ella, pues mi vida era una vorágine de compromisos, programas de televisión y radio, amores y fiestas continuas.

Durante esos años conocí más hermanos y hermanas a través de diversas situaciones y momentos en que me los fueron presentando. Después de haber sido la «hija única» de ese *playboy* internacional, llegué a ser una más de las víctimas de sus amoríos.

Lo increíble es que todos teníamos la misma marca, la boca y los dientes de los Méndez, pero sobre todo la personalidad fuerte, carismática y simpática que nos caracterizaba como dignos hijos de este donjuán cartagenero que nunca midió consecuencias ni corazones.

La hermana boliviana

Al pasar de los años pude conocer a otra hermana que nació en Bolivia y que ahora vivía en Brasil. ¡Su historia parece de película!

Mi padre fue embajador en Bolivia en la época en que dejó embarazada a la mamá de quien sería mi hermano mayor. Huyendo para no casarse y truncar su carrera de leyes, la solución convenida fue enviarlo como diplomático lo más lejos posible. Por consiguiente, mi padre llegó a La Paz, Bolivia, soltero, joven y con una carrera brillante y prometedora por delante.

En ese lugar, donde la sociedad era cerrada y pequeña, el galán de la película parece ser que desempeñaba un gran papel como diplomático. Además, parecía que se había encaprichado y era muy correspondido por la hija del canciller de ese país. Ella, una mujer espectacularmente bella tipo Ava Gardner, era la consentida y la hija única mujer entre siete o nueve hermanos de una de las familias más prestantes de la ciudad. En esa época solo había dos solteros como embajadores, mi padre y el embajador de

> **En ese lugar, donde la sociedad era cerrada y pequeña, el galán de la película parece ser que desempeñaba un gran papel como diplomático.**

Brasil. Como era obvio, se convirtieron en los solteros más codiciados por todas las chicas solteras de la ciudad. Este par de «dandis» se hicieron amigos de parranda y demás actividades diplomáticas, llegando a ser inseparables.

Cuentan que la hija del canciller estaba perdidamente enamorada de mi padre y se había entregado al amor quedando embarazada. En esas tierras y sociedades tan estrictas, ¡esto era un escándalo! Al conocerse la noticia, y al contar la niña mimada de la casa lo que le sucedía, de inmediato mi padre recibiría una visita nada agradable de parte de los hermanos de la agraviada con pistolas en mano y fuertes amenazas. Después de esa reunión, se tomó la decisión de que se casarían por lo civil y mi padre lo aceptó en seguida.

Las vueltas que da la vida

Una noche, ya instalados los recién casados en la embajada colombiana, va a visitarlos el embajador de Brasil. Después de una exquisita comida, pasaron al salón adyacente a degustar unos puros cubanos importados, mientras un delicioso coñac acompañaba la conversación.

Cuando el embajador de Brasil ve que la recién casada sale para dar instrucciones en la cocina, le confiesa a mi padre que esta perdidamente enamorado de su nueva esposa, que nunca se había atrevido a confesarle su amor y que veía claramente que mi padre no la amaba. Entonces, envalentonado ante la conmoción de mi padre, procede a ofrecerle hacerse cargo de ella y de la niña, dándoles su apellido, su amor y su vida con la única condición de que mi padre se marcha de Bolivia y renuncia a su cargo diplomático para nunca más volver. Estupefacto al escucharlo tan impetuoso, le confirma de manera confidencial que, en efecto, se casó obligado, por honor, y que a pesar de que ella era una mujer muy bella, no lograba amarla.

Lo triste de todo fue que, sin que se dieran cuenta, desde el umbral y aferrada al marco de la puerta para no caerse, ¡estaba ella escuchándolo todo! Llorando, culpa a mi padre de nunca haberla amado, acusándolo de mentiroso, manipulador y traidor. Como resultado, esa misma noche sale tempestuosamente de la embajada y regresa a su casa materna. Entonces mi padre renuncia, regresa a Colombia, dejando una estela de sinsabores que olvida con rapidez al lanzarse a vivir su soltería con desenfreno y pasión como el soltero del momento que acababa de llegar de su éxito diplomático. Dicen que se corría el rumor de lo sucedido, pero nadie podía confirmarlo.

En Bolivia, mientras tanto, el amigo embajador de Brasil hace real su promesa, se casa por la iglesia y se lleva para siempre a su amada con su niña recién nacida para su país.

Un agradable encuentro

Entra un nuevo capítulo, han pasado más de treinta años, donde la niña ya mujer y casada con un poderoso hombre de negocios brasileño decide pedir de cumpleaños ir a Cartagena en busca del padre que nunca conoció.

Allí entro yo... y toda la familia a recibir a esta hermosa mujer que ha venido a nuestras tierras con su flamante esposo a buscar al padre que la abandonó. Estuvieron con nosotros casi dos semanas, donde el despliegue familiar de fiestas, cenas, paseos a las islas, fincas y demás actividades dieron lugar a que entabláramos una preciosa amistad y a que nos dejara enamorados a todos con su suavidad, dulzura y clase. Además, a ella y a mí nos unía un lazo inquebrantable: el abandono.

> **Como toda una Méndez, era arquitecta de jardines y escultora. Lleva la sangre bohemia que nos ha caracterizado a todos.**

Como toda una Méndez, era arquitecta de jardines y escultora. Lleva la sangre bohemia que nos ha caracterizado a todos. Después de esa visita, nos hemos visto en varias oportunidades. Incluso, yo llegué a visitarla en Río de Janeiro, donde me atendieron como una verdadera hermana por ella y su espectacular esposo que desplegó todo su imperio a mis pies en esa semana.

Me llevaron a su isla privada en auto, barco y, luego, helicóptero hasta llegar a ese lugar paradisíaco llamado Mandala. Nos trataron como reinas y reyes, y fue la primera vez que me bañé en el mar mientras me atendían unos mayordomos y unas muchachas que se metían al agua con todo y uniformes, llevando unas bandejas flotantes de vivos colores, diseñadas por mi propia hermana, llenas de toda clase de aperitivos y refrescos típicos del lugar.

La isla era absolutamente impresionante, concebida por ella con sitios para meditar hechos con bambú del mismo lugar. Tenía seis cabañas con aire acondicionado y todas las comodidades, hasta con acueducto propio. Allí también había animales y pajarracos de colores brillantes que se paseaban por doquier, y unos monitos, que eran sus preferidos, se lanzaban de árbol en árbol, mientras disfrutábamos de unas hermosas hamacas al caer la tarde. Fueron momentos inolvidables que aún conservo en mi corazón, recordando ese lugar y los momentos vividos como si hubiera sido un sueño.

> **Mi hermana y yo tuvimos muchas horas para ponernos al día sobre nuestras respectivas vidas.**

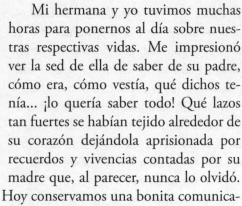

Mi hermana y yo tuvimos muchas horas para ponernos al día sobre nuestras respectivas vidas. Me impresionó ver la sed de ella de saber de su padre, cómo era, cómo vestía, qué dichos tenía... ¡lo quería saber todo! Qué lazos tan fuertes se habían tejido alrededor de su corazón dejándola aprisionada por recuerdos y vivencias contadas por su madre que, al parecer, nunca lo olvidó.

Hoy conservamos una bonita comunicación, siempre mi corazón deseando volverla a ver.

También pude entablar una relación con otros dos hermanos nacidos de la unión que acabó con mi familia y mi vida. De todo esto he aprendido que el amor todo lo soporta, todo lo puede y nunca deja de ser. Hijos regidos y engendrados por el amor hacia un padre que nunca sabré si supo el daño causado, y si en algún momento sintió remordimiento o un ápice de tristeza al vernos ya crecidos y marcados para siempre por él y sus actos. Nunca se lo pregunté. Nunca toqué el tema. ¡Esa es una pregunta más en mi listita para Dios cuando llegue al cielo!

Capítulo

9

El éxito... mi amigo fiel

«Tenía que prepararme estudiando, asistiendo a seminarios, buscando instrucción en campos de interés, yendo a conferencias de motivación, a fin de mantenerme animada en medio de las dificultades».

En Cartagena inicie en serio mi carrera de radio y televisión. Ya antes había hecho algunos pinitos en Nueva Orleans haciendo anuncios para la empresa de las casas. También en Puerto Rico, con mi amiga, hice varias semanas del *show* de televisión del conocido chef, ya fallecido, Henry Corona.

En esa época, mi padre estaba en la gobernación y en los departamentos de la costa se inició un nuevo canal, «Telecaribe». Cada gobernación de cada departamento, tenía que escoger dos presentadoras para iniciar el canal. Yo venía con algo de experiencia de Puerto Rico, así que mi padre me sugirió que me postulara. Como resultado, fui una de las personas que tuvo el privilegio de comenzar un canal que hoy es uno de los más vistos en toda la zona norte del caribe colombiano.

> **Jimmy también se encontró muy involucrado a través de su agencia, sus clientes y como presentador de un programa.**

Jimmy también se encontró muy involucrado a través de su agencia, sus clientes y como presentador de un programa, «La Hora del Caribe», de RCN Televisión. ¡Éramos los hermanos presentadores del momento!

La realidad es que fueron épocas muy hermosas, pues pude desplegar toda mi creatividad y todo mi talento, que desarrollé en Norteamérica, con programas diferentes como «Teleactivos», «Tica y Toco», y algunos noticieros que hice como presentadora de noticias para el Festival de Cine de Cartagena y Costavisión, Colombia.

Marqué una época en la ciudad con un programa radial de cuatro horas los sábados, «Radioactivos». Era un *show* radial donde ofrecía los «*Top* 40» de la semana. Mi madre me hacía los envíos de un día para otro con lo último en la música estadounidense, los vídeos más populares y todo lo que sucedía en el ámbito musical en Estados Unidos. Todo esto nos llevó a que recibiéramos nominaciones para el premio India Catalina y mucha popularidad entre los habitantes de toda la costa atlántica.

«¡Vuela y vuela alto!»

Como nunca, me sentí realizada, inventando, creando nuevos conceptos y dándole rienda suelta a mi imaginación. Me sentía satisfecha en todo mi elemento, cosa que mi padre alimentaba a menudo diciéndome: «Elsie Lucila, no dejes que nadie te corte las alas, ¡vuela y vuela alto!».

Estas palabras me resonaban continuamente en mi espíritu y, cada vez que me sentía acorralada, esta frase me daba el aliento para continuar y dar lo mejor de mí, así como para inventar cosas y proyectos nuevos.

Fueron unas épocas de gran productividad y creatividad. Viví años de gran éxito en todo lo que hacía. Me sentía invencible, haciendo todo lo que mi corazón deseaba en la televisión y la radio. Incluso, monté una revista que se llamaba «FotoVentas». Le tomábamos fotos a todo lo que fuera servicio o producto, y la publicábamos quincenalmente con todo lo que fuera para la venta. Nuestro fotógrafo no daba abasto y fue un éxito mientras tuvimos las fuerzas y las ganas de hacerla con una amiga que se unió al sueño.

> Como nunca, me sentí realizada, inventando, creando nuevos conceptos y dándole rienda suelta a mi imaginación.

Era obvio que la radio y la televisión eran lo mío. Cada día, a través del éxito y el público que recibía mis locuras con ansias de más, me movía como pez en el agua impulsada por los aplausos para crear nuevas y mejores estrategias de mercadeo y fantasías para los programas. Todo lo que producía mi compañía, «Cerebros Activos», gustaba. Fueron días maravillosos de grandes triunfos y satisfacciones a nivel profesional. El éxito me llevaba de la mano a pasos agigantados.

Mis amigas de la infancia

En cuanto a mis amigas de la infancia, ¡yo era como una extraterrestre para ellas! Estaba separada, venía bastante liberada de mente y todo lo que hacía no iba con sus reglas sociales. Descubrí que mis amigas, mis amadas amiguitas, ya no me querían... ¡o solo me tenían terror!

Como estaba separada, quizá pensaran que les podía quitar el marido... sin conocer ni recordar lo que tanto había cambiado mi vida y la de mi

> Fueron días maravillosos de grandes triunfos y satisfacciones a nivel profesional. El éxito me llevaba de la mano a pasos agigantados.

> **Fueron días de gran tristeza y sorpresa al darme cuenta de quién era la gente y de cómo las lenguas viperinas atacaban cual flechas veloces de día y de noche.**

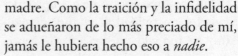

madre. Como la traición y la infidelidad se adueñaron de lo más preciado de mí, jamás le hubiera hecho eso a *nadie*.

Es más, la infidelidad, la traición y el dolor habían cambiado mi vida, mi destino. Jamás me hubiera involucrado con hombres ajenos. No hubiera querido, ni hubiera podido, hacer el daño que me hicieron a mí. De ninguna manera hubiera repetido la historia siendo yo la protagonista del dolor ajeno.

Me di cuenta que me invitaban a almorzar sin los esposos o no me invitaban de plano. Esto impactó mi espíritu en gran medida. Fue un dolor terrible para mí sentirme aislada de las personas que había atesorado por tantos años en mi corazón. Personas que, al llegar con tanta emoción deseando verlas, compartir, conversar, pasar momentos de alegría como antes, me consideraron una posible amenaza para sus vidas. Era como si tuviera lepra.

En ciudades pequeñas, los chismes dan la vuelta a la esquina en segundos y pude darme cuenta de la cantidad de murmuración que había sobre mí y sobre todos. Se señalaban los unos a los otros, y hablaban con facilidad y ligereza del prójimo sin pensar en las reputaciones dañadas. Fueron días de gran tristeza y sorpresa al darme cuenta de quién era la gente y de cómo las lenguas viperinas atacaban cual flechas veloces de día y de noche.

Y yo, por el contrario, era un ser libre que no le veía nada malo a muchas cosas que que quizá lo fueran para ellos. En este sentido, fueron épocas muy fuertes. Todo esto continuó así, hasta que comencé a rodearme de gente de avanzada, progresista, de más mundo, con las que pude entablar una linda amistad, disfrutando así de días llenos de alegría y momentos inolvidables en mi corralito de piedra, Cartagena la bella.

Capítulo

A corazón abierto...

«*Solo tú puedes hacer brillar tu luz. Las tinieblas ya están a tu alrededor, tu actitud determinará si vas a brillar. ¿Cómo? Aceptándolo en tu corazón y, de inmediato, esa luz cobijará tu ser*».

mi vida cambió para siempre después que comencé a trabajar dirigiendo conciertos a gran escala. Dios empezó a tocar la puerta de mi corazón y tuve que escuchar su llamado.

Los conciertos con Juan Luis Guerra

Uno de esos días calurosos de Cartagena, me encuentro con un amigo que me cuenta que va a traer a un nuevo artista dominicano que tiene un sonido muy especial y diferente, un tal Juan Luis Guerra. Al parecer, tenía un par de canciones que estaban sonando muchísimo en la radio a nivel nacional: «La bilirrubina» y «Burbujas de Amor». Allí mismo me invitó a que me le uniera y, con otro empresario de Bogotá, lo presentaríamos en cinco ciudades en gira promocional.

> **La oferta económica y el reto de algo nuevo y tan diferente fueron tentadores y acepté.**

La oferta económica y el reto de algo nuevo y tan diferente fueron tentadores y acepté. La única condición era que tenía que vivir en Bogotá mientras dirigía la logística del evento con otro personal del empresario bogotano de allá. Así fue que emprendí viaje para la capital colombiana ante este nuevo desafío del mundo de los conciertos, las promociones a nivel de estadio con sesenta y ochenta mil personas por concierto. Era en realidad un sueño poder lograr el éxito ante tan impresionante tarea.

En Bogotá, nos movíamos en otra dinámica. Era emocionante planear estos conciertos con un artista nuevo que parecía llegaría lejos. Todos nos estábamos *jugando el pellejo* con el desconocido Juan Luis Guerra, que traía ritmos y letras tan diferentes... que tenía al país en vilo, deseosos todos de disfrutar su música contagiosa y pegajosa.

Todos trabajamos durísimo hasta que llegó, al fin, el día del primer concierto. Fue un éxito apoteósico, ¡inmediato! El estadio se llenó completo, y así fue en todas las ciudades donde apareció con su Orquesta 440. En Colombia hubo un «antes y un después» de Juan Luis Guerra. Literalmente, revolucionó a todo el que lo escuchó y su música se oía hasta en los rincones más apartados de la nación. Primer concierto... ¡Éxito completo y total! Después tuve la oportunidad de dirigir la logística de los conciertos en cinco ciudades colombianas.

Bobby Cruz y Richie Ray en concierto

El regreso a los escenarios de los salseros Bobby Cruz y Richie Ray fue una oportunidad que tocaría mi vida cambiándola para siempre.

Después de treinta años, estos grandes de la salsa retomaban su música, ahora de cristianos. Recuerdo que una cláusula que casi rompe toda posibilidad de dicha gira fue que pedían cantar una canción «cristiana» alabando a Dios al final de cada concierto. Esto nos sorprendió, pensábamos que dañaría la «rumba» y la «nota» del público. ¡Les negamos su petición! Ellos, firmes, nos negaron a nosotros el trabajo con la empresa.

> **Conociendo el éxito del evento, y ya con patrocinadores comprometidos y dinero recibido e invertido en publicidad, se aceptó la cláusula de los cantantes.**

Conociendo el éxito del evento, y ya con patrocinadores comprometidos y dinero recibido e invertido en publicidad, se aceptó la cláusula de los cantantes que nos parecía *espantosa* en un concierto de la talla y la categoría de estos artistas tan reconocidos.

Debo decir que, para mi asombro, siempre que Bobby Cruz y Richie Ray alababan a Dios con su tema cristiano, toda la gente, absolutamente toda, en reverencia a Dios y a sus ídolos musicales, alzaban con respeto sus brazos al cielo y cantaban los coritos con ellos. Cada noche, y en cada ciudad, había un final celestial. Dios tenía el control. Como ese, hubo muchos más.

Lo curioso para mí fue que, en cada ciudad a la que íbamos, ellos se tomaban media hora para subir a la azotea de cada hotel donde, con todos sus músicos allí, oraban al Señor tomados de la mano en un círculo irrompible. Nunca participé en una de estas «reuniones celestiales» hasta que llegaron al último destino, a mi ciudad, Cartagena.

La conocida Plaza de Toros de Cartagena esperaba con ansias el acontecimiento del año, pues ya se había regado la voz de los demás conciertos y el éxito que habían tenido. Sin embargo, debo aclarar que Cartagena no fue la excepción para Bobby y Richie. Como era su costumbre, subieron a la azotea del Hotel Don Blas en el malecón de Bocagrande la noche del evento. Yo había llegado con mi hija y mi chofer, Jorge. Al no encontrarlos y estar ya un poco apremiados de tiempo, decidimos subir a la azotea del hotel para buscarlos y apurarles.

Encontramos que estaban tomados de la mano en círculo clamando y orando en voz alta al cielo. Nos invitaron con gestos a que nos uniéramos al círculo y, por respeto, así lo hicimos mi hija, Jorge y yo. En esos momentos, sentimos un estremecimiento, las lágrimas brotaron, el toque divino fue notorio y ese día, en ese techo de ese hotel, los tres aceptamos al Señor Jesús en nuestro corazón sin saber lo que había sucedido en verdad.

Yo me le acerqué a Bobby Cruz y le pregunté: «¿Y ahora qué hacemos? ¿Adónde vamos? ¿A qué iglesia podemos ir? ¿Qué pasa después de aquí?». De manera muy amable, y con esa voz impresionante, me contestó: «Busca una iglesia evangélica». Yo no sabía ni qué era eso. La palabra «evangélica» era nueva para mí. Se lo comenté a Jorge, y le pedí que averiguara dónde había una de esas iglesias para ir allá al día siguiente, domingo.

¡La primera búsqueda de Dios!

Cuando Jorge llegó al otro día, me dijo que había encontrado una iglesia un poco lejos en un pueblo llamado Turbaco, y que era la única que le habían recomendado. Con diligencia, los tres emprendimos la marcha una vez más: Jorge, mi hija y, adicionando ahora, a la muchacha del servicio, Rocío, que era su novia en esa época. ¡Y nos fuimos en busca de Dios!

Turbaco quedaba a unos cuarenta y cinco minutos de la ciudad. Llegamos a este lugar que era como un cobertizo grande con techo de cinc, sin piso, y casi sin paredes, con sillas blancas y bancas rústicas de madera. Me pareció curioso ver a todos vestidos de blanco y el servicio aun más raro que las vestimentas.

En ese paseo, yo era la única rubia y la comitiva que llevaba conmigo era más rara aun: Jorge, Rocío y mi hija Catalina. En esa época yo tenía varios programas de televisión en Telecaribe y mi cara, me imagino, era muy conocida. Nunca sabré lo que pasó en esta visita. Quizá se debiera a que éramos nuevos y diferentes en atuendos y apariencias, pues Jorge iba de camiseta roja, Rocío de vestido amarillo chillón, contrario a la congregación toda vestida de blanco. En fin, nos miraban como si fuéramos extraterrestres... así que decidimos rápidamente salir de allí sin terminar el servicio. Se trataba de una iglesia de Testigos de Jehová.

> **En ese paseo, yo era la única rubia y la comitiva que llevaba conmigo era más rara aun: Jorge, Rocío y mi hija Catalina.**

Después de esa excursión y gran aventura, dejamos en reposo la búsqueda de una iglesia evangélica. La realidad era que estábamos ocupados con los quehaceres y los compromisos que nos ataban cada día. Sin embargo, la semilla se había plantado. Ya en otro tiempo, en otra tierra, se cosecharía. Con frecuencia recuerdo a Jorge, mi chofer. Desearía saber de él. Con seguridad, su vida ha sido liderada por Dios, ya que no hay semilla que caiga en tierra donde no germine.

¡Una experiencia terrible!

Durante tres años, estuve en la promoción y la producción de conciertos con un éxito total y absoluto hasta que apareció un empresario venezolano, dueño de una de las orquestas más famosas del momento y ejecutivo de la gran empresa disquera RMM Records de Nueva York. Se encantó conmigo, me nombró gerente para Colombia de RMM Records y decidimos hacer juntos la lista de artistas de RMM, la conocida Feria de Cali. ¡Gran error!

Estuve tres meses en Cali planeando la logística, viviendo en el Intercontinental de Cali, donde hospedamos a todos los artistas también. En ese momento y en ese concierto, el más grande, encontré los problemas más fuertes de toda mi carrera profesional. Después de presentar a todos los artistas en el

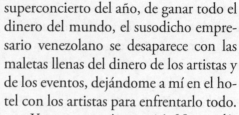

¡Yo me quería morir! No podía comprender lo que me sucedía. Pensé que era un sueño y le pedía a Dios que me despertara rápidamente.

superconcierto del año, de ganar todo el dinero del mundo, el susodicho empresario venezolano se desaparece con las maletas llenas del dinero de los artistas y de los eventos, dejándome a mí en el hotel con los artistas para enfrentarlo todo.

¡Yo me quería morir! No podía comprender lo que me sucedía. Pensé que era un sueño y le pedía a Dios que me despertara rápidamente. Teníamos el hotel lleno de artistas sin pagar, el evento continuaba... ¡y este hombre se había ido por tierra para Venezuela con las maletas llenas del dinero de otros!

Allí comenzó mi martirio, pues la gente quería cobrar. Yo recuperé algo de dinero que aún estaba por recoger y con eso pagué a los que pude. Los de la Feria de Cali, que eran nuestros socios también, se hicieron los locos para no pagarle a nadie ni nada. Yo terminé hasta vendiendo mi automóvil y cosas personales para pagar todo lo que pudiera, hasta que no hubo de dónde sacar más. Todos se lavaron las manos y yo fui la que se quedó con el *muerto* encima, como dicen en mi tierra.

Ya en Cartagena, aun allá la gente venía a tocarme la puerta, llamando a mi casa, incluso a la casa de mi padre y a la de mi hermano. En otras palabras, la gente estaba desesperada por recuperar su dinero y que se les pagara. Recuerdo que una noche, por la ventana de la cocina de mi apartamento se metió amenazante uno de esos cobradores enloquecidos, pues parecía drogado. Ese fue uno de los sustos más fuertes que he pasado, ya que no había nadie que me pudiera salvar ni ayudar a esa hora de la noche. Parecía que esta persona era de otro planeta, así que cualquier cosa trágica pudo haber sucedido allí. A pesar de todo, Dios tenía el control.

Mi padre, que era abogado, consultó con varios amigos. Tuvimos varias reuniones para ver qué hacer y no encontrábamos salida. Nadie daba la cara, todos los que estaban metidos en el negocio conmigo se limpiaron las manos y como yo era la de la logística y había puesto la cara en todo, la responsable ante el mundo... era yo.

La vida toma su curso

Desesperada, decidí irme a Nueva Orleans donde mi madre para buscar refugio y poder aclarar mi mente a fin de enfrentar la situación.

Allí estuve durmiendo durante dos meses debido a la depresión en que me encontraba. El novio de mi mamá, que era médico, me diagnosticó con una severa depresión y me prescribió pastillas antidepresivas para poder salir de tan temible lío.

En medio de tanta tribulación, un amigo de una amiga acababa de comprar una radio y no tenía idea de cómo manejarla, pues su negocio era en agencias de viajes, en turismo. Así que me pidió que le ayudara a montar la nueva estación de radio con nombre, estilo y sonido diferentes.

Esto para mí sería mi salvación, pues era el ramo donde yo tenía experiencia y lo manejaba a ojos cerrados.

Después de mucha consideración, decidimos aceptar por un tiempo lo de la radio en Nueva Orleans, no sin antes vender algunos cuadros y cosas personales mías para pagar lo que se pudiera. Por lo tanto, me quedé en los Estados Unidos al lado de mi madre, que era su deseo más íntimo.

Mi hija ya estaba matriculada en la escuela y su padre decidió que ella se quedaría allá hasta finalizar el bachillerato mientras yo lograra restablecerme en medio de tanto desastre. Fueron días

> Después de mucha consideración, decidimos aceptar por un tiempo lo de la radio en Nueva Orleans, no sin antes vender algunos cuadros y cosas personales mías para pagar lo que se pudiera.

nefastos donde la vida no tenía sentido, y lo mejor que podía suceder era que mi hija viviera en la seguridad y la protección de su padre, sus amiguitas de colegio, su grupo de primas, y que no tuviera que vivir el infierno en el que me había metido.

Mucho después supe el fin del criminal empresario venezolano. ¡Perdió su prestigio en el mundo de la música! Nunca más he sabido de él. Sin duda, el que la hace la paga.

Capítulo

Encuentro final

«Te diseñaron para que seas un triunfador, así que tienes que vivir de esa manera. Vive como te ve Dios: Exitoso, feliz, próspero y con todos tus sueños realizados».

esta nueva etapa en Nueva Orleans fue igual de emocionante. Aprendí que, en definitiva, soy una mujer de retos y que me gustan mucho las cosas nuevas, emprender nuevos proyectos y tener la satisfacción de sacarlos adelante con éxito.

Las cosas no vienen solas

La radio fue un éxito desde el primer momento que la lanzamos al aire con su nuevo formato, nombre y promociones. El programa de la mañana lo hacía con un chileno, Lucho Torres, un locutor de experiencia. Creo que este fue uno de los mejores programas que ha pasado por Nueva Orleans al lado de otro que hicimos con un cubano años más tarde, Fernando Gort. La sintonía era enorme, la audiencia estaba fascinada, ¡y cada

> Entonces, sin poderme mirar a los ojos, me dijo: «Siento que ya he aprendido lo suficiente de ti para poder manejar la radio, pero con gusto te dejaré haciendo el programa de la mañana».

mañana salíamos al aire con todos los hierros! Eran cuatro horas de intenso trabajo y satisfacción al saber que miles de personas nos estaban escuchando.

Hasta que un día por la mañana, llegó el dueño de la radio, quien tenía una agencia de turismo, con la terrible noticia de que le habían cerrado la agencia por algo sucedido entre él y una aerolínea. Así que, a partir de ese momento, asumiría el cargo de gerente general, cargo que, como es natural, ocupaba yo.

Entonces, sin poderme mirar a los ojos, me dijo: «Siento que ya he aprendido lo suficiente de ti para poder manejar la radio, pero con gusto te dejaré haciendo el programa de la mañana». Sin embargo, el salario sería por una cuarta parte de lo que ganaba en ese tiempo. Así que me quedé en la calle, pues con esa cuarta parte no iba ni a la esquina. Ofendida e impactada con este nuevo suceso, me fui a casa con otro golpetazo sin tener nada que ver con eso.

Clamé a Dios sin sentirlo, sin verlo y menos sin escucharlo. Miraba por la ventana, miraba el cielo y todo se sentía quieto. Escuchaba cómo se movían las hojas de los árboles susurrando a mis oídos: «No sirves para nada. Estás acabada. La vida no vale la pena. ¿Dónde está tu Dios?».

Entonces, como dicen por ahí, todas las cosas vienen en tres... A continuación de ese chasco en la radio, murió mi padre de repente. Lo supe una semana después de su entierro a través de una llamada telefónica. ¡Me dejaron el mensaje en el contestador automático!

Este ha sido uno de los golpes más grandes de mi vida, el cual me causó una profunda y total depresión. Deseaba morirme y le pedía a Dios que me llevara.

La mejor de las recuperaciones

Unos días más tarde, mi madre vino a verme y me encontró en un estado lamentable. Por ocho días no me había levantado de la cama. Me llevó donde un amigo de ella psicólogo. Hablé largamente con él y pude desahogarme de todos los últimos acontecimientos, del vacío que sentía sin mi padre, de la soledad que me embargaba al verme tan sola, desolada e impotente con los sucesos de mi vida que parecían no parar. ¿Estaba maldecida?

Al parecer, debido a mi frustración por los resultados de la vida, por haber perdido el viento debajo de mis alas... no quería seguir viviendo. Sentía el deseo profundo de irme de este mundo para terminar con todo.

Para esos días, la señora que me ayudaba con el apartamento era la esposa de uno de los fundadores del grupo Rana, de Guatemala, Ovidio Girón. Ella me había dejado una invitación para asistir a un evento, «La noche del amigo», en su iglesia cristiana. Yo, sin que se diera cuenta, boté la invitación sin pensar en asistir, pues todas esas cosas me parecían como cultos de fanáticos y religiosos.

Ese mismo sábado deambulaba en zapatos tenis con una sudadera gris por el centro comercial. Andaba sin rumbo, aburrida, pensando en cosas como estas: «¿Para qué es la vida? ¿Cuál es el propósito de estar aquí?». De pronto, sentí un impresionante vacío y me fui caminando despacio hacia mi automóvil. Lo último que recuerdo es cuando estaba entrando en un centro de convenciones al que nunca había ido, pues era nuevo en la ciudad de Kenner, y caminaba hacia una luz que había al fondo de ese inmenso lugar. Todos los demás ambientes estaban a oscuras. Yo seguía la luz y las voces que me guiaban.

> Andaba sin rumbo, aburrida, pensando en cosas como estas: «¿Para qué es la vida? ¿Cuál es el propósito de estar aquí?».

Caminaba hacia las voces que cantaban al unísono. Entonces, cuando llegué y miré hacia adentro, veo cientos de personas elegantemente vestidas. Allí estaba mi amigo Jorge Gómez, exvocalista de Wilfrido Vargas, con su esposa, Doris, y mis amigos los Girón. Me dijeron que me estaban esperando, que sabían que yo vendría, pues habían clamado por mi vida y llevaban ocho meses orando por mí y mi salvación. Me habían reservado un asiento en la primera fila. Con vergüenza me senté, apenada de mi vestimenta, pero en seguida iniciaron la actividad y todo pasó a un segundo plano.

Un momento muy especial

Bajaron las luces, comenzaron las alabanzas y me transporté a otro mundo. Después vinieron los testimonios, y el primero fue el de mi amigo Jorgito Gómez, quien habló sobre su vida de giras por el mundo con la banda de Wilfrido Vargas, así como todo lo vivido. De inmediato, me identifiqué mucho con él, con sus vivencias, con las locuras de esa vida. Después de Jorge, pasó al frente un señor llamado Francisco. No recuerdo su apellido, pero sé que era un hombre de la radio y la televisión de Guatemala. Ahí fue la estocada final. Todo, absolutamente todo lo que describió, fue mi vida, mis pensamientos, mi manera de ver la vida... todo.

Volvieron con la música... ¡era como de ángeles! Yo me sentí transportada al cielo y, de pronto, una voz a lo lejos dijo: «¿Quién quiere aceptar a Jesús en su corazón? ¿Quién desea invitarle a entrar en su vida, a tomarlo y aceptarlo?». Esos zapatos tenis míos eran como si tuvieran resortes. Salté alto y grité: «¡Yo! ¡Yo! ¡Yo lo necesito, yo lo acepto! ¡Yo lo quiero en mi corazón! ¡Necesito a Jesús! ¡Te necesito, Dioooooooos!».

Me llevaron a otro cuarto, me explicaron lo que acababa de hacer y yo, para ser sincera, no paraba de llorar. Pasé tres días llorando. Lloré todo lo que no había llorado en otros momentos donde quizá hubiera sido necesario hacerlo. Allí, en ese lugar, empezó mi liberación de tantas pérdidas, tanto dolor, tantos fracasos, tanta tristeza, tanta injusticia.

Al cuarto día, y con los ojos casi cerrados debido a la inflamación, llamé a Jorge Gómez y le pregunté:

—¿Y ahora qué tengo que hacer?

—Lee la Biblia y ven a la iglesia el domingo.

—¿A qué hora es el servicio? —le pregunté.

—A las ocho de la mañana —me respondió.

—¿Un domingo a las ocho de la mañana? ¡Imposible! A esa hora jamás me despertaría. Estoy acostumbrada a levantarme por el mediodía.

Salté alto y grité: «¡Yo! ¡Yo! ¡Yo lo necesito, yo lo acepto! ¡Yo lo quiero en mi corazón! ¡Necesito a Jesús! ¡Te necesito, Diooooooos!».

—Elsie —me dijo Jorge con mucha amabilidad—, ¿qué te parece si le pedimos al Espíritu Santo de Dios que te despierte temprano y que sea tu despertador?

—Listo, te reto a que sea así —le dije atacada de la risa y entre grandes carcajadas.

A continuación, Jorge oró por mí y le pidió al Espíritu Santo que me despertara el domingo a las seis de la mañana para que pudiera ir a la iglesia. Luego nos despedimos y yo, con una sonrisita por dentro, me olvidé del asunto pensando que era bien atrevido Jorge en meterse de esa manera a comprometer al Espíritu Santo.

Capítulo

El Libro guía

«La Biblia es un libro donde se documentan las celebraciones divinas. Dios es el celebrador número uno. Celebrar es una actitud del Reino. Celebra tu llamado y la Palabra de Dios en todo tiempo».

después de esa conversación tan cómica con mi amigo Jorge, me dediqué a buscar una Biblia que me había regalado uno de los guardaespaldas que manejaba la seguridad en nuestra empresa de conciertos hacía un año atrás. Su nombre era Germán, no recuerdo su apellido, pero nunca lo he olvidado. Él fue el que me habló de ese Jesús, de ese Amigo, que yo no conocía. Es más, me invitó una vez a una iglesia cristiana en el barrio de Chapinero en Bogotá. Se trataba de un cobertizo enorme de donde salí corriendo después de una hora en el lugar, ofendida y aterrada de lo que acababa de experimentar.

El mejor regalo

> Unos días más tarde, Germán me regaló un libro con una cubierta de cuero negro y con cremallera.

Por primera vez, como católica de toda una vida, había entrado a lo que se decía una iglesia, donde había orquesta, tarima, coros y unas niñas danzando con banderas, panderos y recibiendo aplausos. La orquesta tocaba todo tipo de música alegre, pero para mí fue gran sorpresa el ver que así alababan a Dios y no con la santidad y la reverencia conque se hacía en la iglesia a la que yo había asistido siempre.

Muy ofendida con Germán, le pedí que me sacara de allí. No me sentía cómoda y, lo que es más, me molesté mucho con él. Apenado, me pidió mil disculpas. Después de eso, recuerdo que él fue uno de mis favoritos de los de seguridad, sin saber por qué.

Unos días más tarde, Germán me regaló un libro con una cubierta de cuero negro y con cremallera. Era una Biblia Reina-Valera 1960 que me autografió así: «Elsie, primeramente busca el reino de Dios y todas las demás cosas te vendrán por añadidura». La recibí y le di las gracias. Sin embargo, ni la abrí... ¡y la metí al fondo de una maleta donde la olvidé!

> Todos los días recuerdo a Germán. ¡Cuánto me gustaría volverlo a ver algún día! Me gustaría verlo para contarle que la semilla que sembró en mí, germinó.

La realidad era que no entendía de qué reino me hablaba Germán y, por lo poco que pude leer, para mí era como si el libro estuviera escrito en chino o en japonés, con toda esa palabrería de los tiempos de upa*.

Hoy es mi Biblia preferida. No puedo vivir sin ella. Es la que está marcada por todos lados, la que me ha acompañado por el mundo entero y la que aún hoy llevo conmigo en mi automóvil y a todos mis programas radiales.

Todos los días recuerdo a Germán. ¡Cuánto me gustaría volverlo a ver algún día! Me gustaría verlo para contarle que la semilla que sembró en mí, germinó... así como lo que ha significado ese regalo que un día tomé como algo insignificante.

Gracias, Germán, dondequiera que te encuentres, ¡te bendigo!

Nota

* Tiempos de upa: Colombianismo que significa «en época muy antigua». Es decir, en tiempos en los que todavía se creía en el «upa», árbol fabuloso al que se le atribuían poderes especiales.

Capítulo

Un ruso despampanante

«Un elefante se come a mordisquitos, y así deben ser nuestras metas: Pequeñas y alcanzables en Cristo Jesús».

Una vez que conversé con Jorge Gómez, después de mi conversión, me puse a buscar desesperada mi Biblia. Esa Biblia con cubierta de plástico y cremallera que me regaló Germán. Al fin la encontré en una caja llena de recuerdos de mi época en Colombia, donde había un montón de periódicos, artículos sobre mi carrera y logros, revistas en las que aparecía en las portadas, etc.

Mis primeros pasos con el Señor

Abrí la Biblia, y con gran alegría busqué el libro de los Salmos que Jorge me había aconsejado que leyera. Me acomodé en un cómodo sillón blanco y comencé a leer. Esto fue como a las tres de la tarde. Entonces, a las diez y treinta y cinco de la noche me di cuenta que no había parado de leer este maravilloso libro que

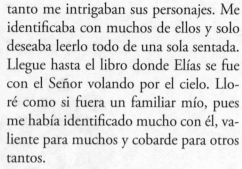

Ese domingo, en efecto, un rayo fulminante e invisible me despertó a las seis de la mañana. El Espíritu Santo me visitó y cumplió su misión de darme los buenos días.

tanto me intrigaban sus personajes. Me identificaba con muchos de ellos y solo deseaba leerlo todo de una sola sentada. Llegue hasta el libro donde Elías se fue con el Señor volando por el cielo. Lloré como si fuera un familiar mío, pues me había identificado mucho con él, valiente para muchos y cobarde para otros tantos.

Ese domingo, en efecto, un rayo fulminante e invisible me despertó a las seis de la mañana. El Espíritu Santo me visitó y cumplió su misión de darme los buenos días. Fui a la iglesia de Jorge y Ovidio donde ellos ministraban a través de la alabanza. Qué gran placer sentí al ver a mis amigos haciendo lo que les gustaba y alabando a Dios. Después de ese día, comencé a asistir con regularidad a todo lo que acontecía en la iglesia. De modo que me vi involucrada por completo en este nuevo estilo de vida.

A todas estas, mi madre, muy nerviosa con mi nueva conversión, así como asustada y preocupada por mí, fue a ver a la cónsul general de Panamá en esa época, Raquel Tapiero, que era cristiana. Entonces, mi madre le comenta lo que me está pasando: «Estoy muy preocupada con la iglesia a la que está yendo Elsie. La realidad es que está muy cambiada. Es cierto que los cambios son para bien, pero esa no es mi hija. ¿Crees que le han *lavado el cerebro* o que está en medio de una secta religiosa? ¡Por favor, ayúdame para ver si Elsie tiene salvación!».

La señora Tapiero la tranquiliza y le dice: «No te preocupes, yo me encargaré de Elsie. La iglesia a la que asisto es muy buena. Así que la voy a llevar a mi grupo de estudio bíblico y voy a velar por ella». Esa promesa se la hizo a mi madre en 1993 y, aún hoy, la sigue cumpliendo a plenitud, pues es una de mis intercesoras fieles, amiga de siempre y cómplice de todos mis sueños.

**Elsie
Lucila
Méndez**

Fotografías

Foto de la familia materna de Elsie Lucila: Alfredo de Zubiría y Sofía Merlano de Zubiría con sus hijos, Alfredo y Elsie, en Cartagena, Colombia.

Coronación de la madre de Elsie Lucila como Srta. Bolívar en Cartagena, Colombia.

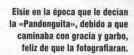

Padre de Elsie Lucila, Roberto Méndez Villarreal.

Elsie en la época que le decían la «Pandonguita», debido a que caminaba con gracia y garbo, feliz de que la fotografiaran.

Elsie con los famosos lazos que la caracterizaban de pequeña.

fotografías

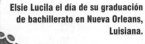

Elsie Lucila el día de su graduación de bachillerato en Nueva Orleans, Luisiana.

Elsie Lucila en su presentación en sociedad en el Club Cartagena con sus abuelos maternos: Alfredo y Sofía de Zubiría.

Elsie Lucila recién casada en su apartamento de Bogotá, Colombia.

La Muñe Vélez y Elsie Lucila Méndez en fiesta de disfraces en Cartagena, Colombia.

La banda «Los Monstruos del Ritmo», compuesta por Ignacio Benedetti Franco, La Muñe Vélez, María Claudia Sierra, Elsie Lucila Méndez, Amaury Covo y Keko Lemaitre en Cartagena, Colombia. Esta banda produjo un disco y se presentaban en diferentes fiestas de la ciudad.

De fiesta, algo que sucedía cada fin de semana, con el grupo de amigos en Cartagena, Colombia: Alberto Romero Nieto, Claudia Azuero, Josette Lemaitre, Claudia Sanclemente, Eugenia Lemaitre, Elsie Lucila Méndez, Keko Lemaitre y Pilar Azuero García.

De cabalgata en las fiestas de «La Candelaria» en Pie de la Popa, Cartagena, Colombia, con La Muñe Vélez a caballo, Nora Cepeda, Elsie Lucila Méndez y Mary Martelo de sombrero.

fotografías

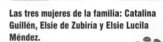

Elsie de Zubiría, la madre de Elsie Lucila, pocos días antes de morir en su última foto.

Las tres mujeres de la familia: Catalina Guillén, Elsie de Zubiría y Elsie Lucila Méndez.

Elsie y su padre, Roberto Méndez Villarreal, en una fiesta del Club Cartagena.

Elsie Lucila Méndez en una portada de una revista colombiana.

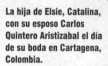

La hija de Elsie, Catalina, con su esposo Carlos Quintero Aristizabal el día de su boda en Cartagena, Colombia.

La abuelita «Tata», Elsie, con Sofía Isabella y Nicolás Matías haciendo morisquetas en el hospital mientras esperaban el nacimiento de Santiago Andrés.

Elsie junto a Carlos Quintero Aristizabal y Catalina en la recepción de su matrimonio celebrada en el baluarte de San Ignacio, arriba del Museo de Arte Moderno de Cartagena, Colombia, en la ciudad antigua amurallada.

Los esposos Quintero Guillén con sus tres niños. (Al fin rompen con la tradición familiar de «hijas únicas»).

fotografías

La primera nieta de Elsie, Sofía Isabella, la princesa de la casa, y a la que le gusta todo lo femenino, disfrazarse (igual que a la abuela) y ponerse vestidos hermosos... su color preferido es el morado.

Los tres nietos de Elsie:
¡Los tesoros de su vida!

Santiago Andrés, el último nieto, ¡pues dicen que ya no más!, disfruta en su coche de paseos por el vecindario... es un amor, una dulzura y se distrae solito hablando en un idioma que aún es incomprensible, pero que se hace sentir.

Sofi dándole un beso a su hermanito Nico, en la playa de Naples, Florida.

El nieto de Elsie, Nicolás, o «Nico», como le dicen cariñosamente, es la alegría de la casa con su risa contagiosa y cómica, siempre haciendo gracias.

Elsie en Dallas, Texas, trabajando en un «remoto» de la radio con KICK FM.

Elsie Lucila para un artículo de *Vocero USA Magazine*, como Editora en Jefe de esa revista.

En la radio, Elsie disfruta de programas alegres en los que la audiencia le hace reír.

Elsie al frente de los controles en el estudio de «La Fabulosa 830», Nueva Orleans, Luisiana.

Los Fabulosos

The D.J.'s from top to bottom: Guillermo de Bango, Oscar Ehamorado, Otto Orellana, Hugo Montero, Karina Lange, Nasty, Yesenia, Luis Durrán, Carlos Henríquez, Fernando Goih, Carlos Solís, D.J. Tito, ya el centro, Elsie Méndez.

La Fabulosa 830 AM

"Los Fabulosos de la Fabulosa".

Los fabulosos de «La Fabulosa 830», el equipo ganador con el que Elsie inició la radio en Nueva Orleans, Luisiana.

Elsie en el set del programa de televisión/noticiero *Vocero Live!*, en Nueva Orleans, Luisiana.

El cantante Juan Luis Guerra en la portada del periódico semanal de Elsie, *Vocero News*.

El actor Eduardo Verástegui en la portada del periódico semanal de Elsie, *Vocero News*.

La cantante Lilly Goodman en la portada de la revista mensual de Elsie, *Vocero USA Magazine*.

Algunas portadas diferentes, en un *collage*, de la revista mensual *Vocero USA Magazine*.

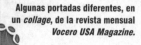

CHICA THING inc

Fabulous Jewelry. Great Prices. Beautiful You.

Portada del catálogo de joyas diseñadas y
producidas por Elsie en su empresa
Chica Thing Inc.

Otro diseño de Elsie con corazones,
al que llamó «Abre mi corazón».

Uno de los diseños de Elsie con perlas,
llamado *Extravaganza!*, de *Chica Thing Inc.*

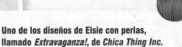

MAYO 1998
POR ELSIE MENDEZ

MAPA ESPIRITUAL CASA

Puerta Entrada: LOVE

Malaquías 3:10-12

Traed todos los diezmos al alfolí y haya alimento en mi casa; probadme ahora en esto, dice Jehová de los Ejércitos, si no os abriré las ventanas de los cielos y derramaré sobre vosotros bendición hasta que sobreabunde.

Reprenderé por vosotros al devorador, y no os destruirá el fruto de la tierra, ni vuestra vid en el campo será estéril dice Jehová de los Ejércitos.

Y todas las naciones os dirán bienaventurados porque seréis tierra deseable, dice Jehová de los Ejércitos

Right Side:

Proverbios 1:33

Mas el que me oyere, habitará confiadamente y vivirá tranquilo, sin temor de mal.

Left Side

Salmo 91:9-11

Porque has puesto a Jehová, que es mi esperanza, al Altísimo por tu habitación

Mapa espiritual de la casa de Elsie en mayo de 1998.

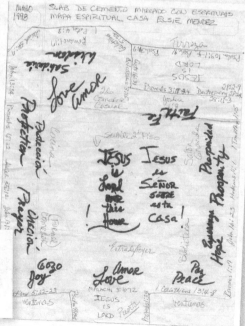

Croquis de las descripciones por áreas y los pasajes bíblicos, tanto en inglés como español, que Elsie escribió en los cimientos de su casa.

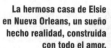

La hermosa casa de Elsie en Nueva Orleans, un sueño hecho realidad, construida con todo el amor.

La portería de la entrada a su casa sumergida en agua, en la subdivisión privada Pontchartrain Pointe.

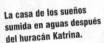

La casa de los sueños sumida en aguas después del huracán Katrina.

Después que baja el agua, así quedó la casa con todos los escombros de adentro, muebles, cortinas, recuerdos y todo acabado en un solo momento.

YO DECRETO HOY

Mis confesiones diarias

Por Elsie Lucila Méndez

Disco compacto, llamado «Yo decreto hoy», en el que Elsie ofrece decretos poderosos de la Palabra de Dios.

Disco compacto, llamado «El Padrenuestro en arameo», en el que Elsie ofrece una descripción y un mensaje sobre el Padrenuestro.

recursos

Libro *Jabez, 21 Days of Hope and Extraordinary Miracles*, escrito por Elsie en inglés.

Libro *Jabes: 21 Días de esperanza y milagros extraordinarios*, escrito por Elsie en español.

Disco compacto de Elsie llamado «Palabras de paz y fortaleza», el cual se utiliza mucho para ministrar a personas enfermas, o con enfermedades terminales, así como para la falta de sueño debido a problemas nerviosos y de estrés.

fotografías

Libro *Semillitas de posibilidades*, donde Elsie brinda un devocional diario de pensamientos.

Libro *Yo declaro hoy: Mis confesiones diarias*, en el que Elsie realiza declaraciones de poder.

Disco compacto de Elsie llamado «Las oraciones más poderosas de la Biblia».

Primer libro de Elsie: *Yo decreto hoy*, el cual ha sido uno de sus mayores éxitos en cuanto a testimonios, popularidad y ventas.

Elsie Lucila alaba a Dios.

Elsie Lucila le sonríe a la vida en medio de sus desafíos.

Elsie Lucila juega con mariposas en el parque.

Elsie Lucila siempre con muestras de gratitud y amor hacia Dios y el mundo.

Raquel y Blanquita

Raquel Tapiero es una mujer entregada por entero a Dios y a su servicio. Tiene un gran corazón, dedicada al bien de la humanidad, dando su dinero, su tiempo, sus oraciones y todo lo que tiene para llevar a los pies de Cristo a las personas que han tenido el privilegio de cruzarse en su camino. Recuerdo que en su elegante Cadillac azul oscuro recogía a borrachos, prostitutas y a todo el que estuviera en necesidad de Dios.

Me tomó como un pajarito herido, me alimentó de la palabra, me consintió, me mostró el camino paso a paso con una gran paciencia. Ella y otra señora que eran los soldados de Dios en esa época en Nueva Orleans, Blanquita McCaleb, me guiaron, me enseñaron, me alimentaron, me secaron las lágrimas, y finalmente me llevaron a bautizarme en una piscina en un campamento en la Florida.

Ellas se encargaron de estar pendientes de mí, se lo tomaron en serio de verdad, me decían y profetizaban que algún día haría grandes cosas para el Señor. Con paciencia y gran amor me restauraron a lo que soy hoy. Yo estaba sin trabajo, sin un dólar, sin nada aparentemente, solo con mi Biblia, la palabra maravillosa de Dios y este par de mujeres que tomaron en serio mi conversión y caminar en Cristo.

Mi madre, tranquila, pero un poco aterrada con mi manera de hablar y todo lo demás que sucedía en ese tiempo, observaba en silencio mi drástico cambio. Me imagino que oraba al cielo, a su manera, por todo lo que me ocurría. Lo único que la tranquilizaba era saber que estas señoras pizpiretas, gente de la alta sociedad de Nueva Orleans, me acompañaban en esta nueva aventura de mi vida. Y que si me acompañaban, todo estaría bien.

> Mi madre, tranquila, pero un poco aterrada con mi manera de hablar y todo lo demás que sucedía en ese tiempo, observaba en silencio mi drástico cambio.

El ruso Shota

Una anécdota cómica de esos días es la de un hombre de Georgia, Rusia, que se llamaba Shota y que vivía en mi mismo edificio. Este ruso era el espécimen humano más bello que yo había visto en mi vida. Medía casi dos metros de alto, era fuerte y musculoso. Tenía la cara más hermosa que había visto en un hombre, con unos hoyuelos que se le marcaban al sonreír. La realidad era que su sonrisa iluminaba los lugares donde estaba... ¡y esta belleza masculina estaba interesada en mí!

Al parecer, me veía cuando regresaba de mi clase de estudios bíblicos con mi Biblia debajo del brazo todas las noches a las once y media. Le había preguntado al portero quién era yo. Después de darle cincuenta dólares, el guardia soltó todo lo que sabía de mí. Él también llegaba a casa a esa hora, pues venía de la Universidad de Loyola de practicar horas al piano. Era un pianista clásico procedente de la Universidad de Julliard, en Nueva York, y estaba haciendo una especialización en Nueva Orleans.

Una noche de esas en la que llegué con los ojos hinchados de tanto llorar, lo encontré en el vestíbulo esperándome con un ramo de margaritas. Yo venía de un culto donde había llorado hasta no decir más, debido a una ministración muy preciosa. Así que tenía los ojos rojos, el rímel regado por mis mejillas y la nariz como un pepino de tanto llorar. Cuando ese hombre se paró y me entregó las margaritas, a mí casi se me aflojan las piernas y caigo al piso. Pensé: «¡Dios mío, me enviaste un ángel del cielo! ¿Este es el varón que tienes para mí?».

> **Una noche de esas en la que llegué con los ojos hinchados de tanto llorar, lo encontré en el vestíbulo esperándome con un ramo de margaritas.**

Hablamos un rato ahí en el vestíbulo del edificio, me pidió el teléfono, se lo di y nos despedimos. Yo me dirigí a mi apartamento como en nubes de algodón, feliz de ver que Dios me enviaba a este ruso hermoso para deleitarme los ojos y el corazón. Mi corazón solo repetía Génesis 2:18:

> *Luego Dios el SEÑOR dijo: «No es bueno que el hombre esté solo. Voy a hacerle una ayuda adecuada».*

> **La cosa se iba poniendo más emocionante cada día. La atracción era como una ola gigantesca que se convertía en tsunami por segundos.**

Cuando al día siguiente les cuento la historia a Raquel y Blanquita, ¡comenzaron a dar gritos! «¿Ese hombre es cristiano? ¿Quién es? ¿De dónde salió? Cuidado, ¡ese es el mismo enemigo que te está poniendo trampas». Yo no quería oír eso, pues estaba feliz de ver que Dios me había enviado semejante guapote. Y estaba convencida que era todo para mí... *¡todito!*

Raquel y Blanquita estaban en pánico, pues hacía una semana que le habíamos pedido a Dios que me enviara un esposo, pero cristiano, y que me apartara de todo mal y de todo hombre que no viniera de Él. Estaban convencidas que este era el mismo enemigo para apartarme del camino que había tomado.

Sin hacerles caso, seguí viendo a mi amigo y nos comunicábamos por señas: él con su diccionario y yo con el mío. Sin embargo, todo lo decían los ojos. En ese caso, no había necesidad de diccionario ni de señas.

La cosa se iba poniendo más emocionante cada día. La atracción era como una ola gigantesca que se convertía en tsunami por segundos. Yo sabía que ya no podía caer en fornicación, ¡pero ese amor era algo extraordinario!

Un día Shota iba a dar un concierto en una iglesia anglicana, él al piano y otra persona al órgano. Yo aproveché la oportunidad para invitar al grupo de estudio bíblico compuesto por ocho damas. Ellas aceptaron encantadas, pues deseaban conocer

> **Esa noche, después de cerrarle la puerta de mi apartamento y de mi corazón, me arrodillé y oré: «¡Dioooos! Hazme invisible hasta que aparezca el hombre que tú deseas para mí».**

al hombre de quien les había hablado tanto. Muy puntuales, se presentaron en el lugar y se sentaron en una de las filas del centro. Después de ver a este varón tocando el piano de esa manera, con esos sonidos celestiales, salieron de allí y en el estacionamiento se pusieron a orar con urgencia por mí y por mi vida. Su oración era para que Dios me cuidara y me apartara de todo mal, pues era obvio que sabían que la cosa estaba *color de hormiga*.

Intuían que estaba metida en problemas, que la tentación era demasiado grande y que solo Dios me podía sacar de estas. Más adelante me contaron que intercedieron por mí durante toda la noche. Gracias a ellas, pude resistir la tentación y la relación no pasó a mayores. Es más, ese mismo día sentí que había que terminarlo todo. No hablábamos el mismo idioma, cuando yo le hablaba de Dios, me cambiaba la conversación, y lo que más le interesaba de mí eran los besos.

Esa noche, después de cerrarle la puerta de mi apartamento y de mi corazón, me arrodillé y oré: «¡Dioooos! Hazme invisible hasta que aparezca el hombre que tú deseas para mí. No me dejes apartarme de ti por nada del mundo. Deseo estar en tus brazos y esperar que me envíes ese esposo que tanto he deseado y anhelado».

Esa petición se ha cumplido hasta hoy. Es muy raro que un hombre me mire como lo hacía antes. Tal parece que me he vuelto invisible. Dios me tiene en una cajita de cristal y la llave la tiene el Espíritu Santo.

A todas estas, con el paso de los meses, me quedé sin dinero para pagar el apartamento que acababa de arrendar y amueblar, el auto nuevo, etc. En un instante, me había quedado sin trabajo y sin dinero de nuevo... ¡Otra vez! Así que pensaba: «No puede ser. ¿Cómo me pasa todo esto si Dios está conmigo?». Sin embargo, como Él es fiel, me envió a un cónsul venezolano que necesitaba un apartamento por pocos meses, se lo alquilé con todo adentro y me mudé a la casa de mi madre mientras esperaba lo que Dios haría con mi vida. ¡Estaba convencida que vendría «algo» especial y que Él me llevaría a cosas grandes!

Transcurrían los días en casa de mi madre, pero la vida parecía interminable. No veía claro el futuro, tampoco veía los planes de Dios. Por lo tanto, mi fe languidecía con el paso de de los meses. Así que empezaron las murmuraciones, las quejas y hasta la incredulidad. Entonces, en un «de repente», de pronto... ¡todo cambió!

Antes de terminar...

Una vez más quiero hacer un paréntesis para presentarte el «Segundo paso de elefante». De nada vale que te hable acerca de los altibajos de mi vida, si no te doy pautas para avanzar y seguir adelante en el propósito de Dios para tu vida. En la primera parte del libro, analizamos la excelencia para vivir mejor. Ahora, vamos a ver cómo en medio de nuestra rutina diaria nos podemos encaminar hacia el éxito.

> Entre otras cosas, el éxito es el resultado deseado y feliz de lo que se emprende en la vida.

Entre otras cosas, el éxito es el resultado deseado y feliz de lo que se emprende en la vida. Sin embargo, a veces nos hacemos ideas respecto al éxito que en lugar de ayudarnos a alcanzarlo, lo que obtenemos es un triste fracaso.

Por lo tanto, prepárate primero con la Palabra de Dios... ¡pues estamos a punto de comenzar!

Pon todo lo que hagas en manos del Señor,
y tus planes tendrán éxito.
Proverbios 16:3, NTV

SEGUNDO PASO DE ELEFANTE: **2**
«Tu rutina diaria hacia el éxito»

Cuando hablamos del éxito, es evidente que las decisiones representan un papel importante a la hora de crear nuestro futuro. Entonces, considera lo siguiente:

Aspectos clave del éxito

- Las decisiones que tomes hoy trascenderán tu mañana.
- Si rompes con tu promedio hoy, garantizarás un mañana de éxito.
- Sal de tu zona de comodidad practicando las leyes de la excelencia, aunque sean incómodas, dolorosas e insoportables. Si estás decidido a cumplirlas y vivirlas, esto marcará tu destino y tu propósito en la vida.
- El éxito depende de tu decisión.

Los buenos hábitos en la rutina diaria

Los hábitos y las prácticas diarias serán esenciales para lograr el éxito. Así que...

1. Decide qué hábitos y conductas diarias vas a implementar de inmediato en tu vida para crear el estilo de vida que deseas.
2. Cuando sientas que algunos hábitos o conductas son difíciles de implementar, recuerda lo que dijera alguien una vez: «Lo que hacemos con frecuencia llega a ser más fácil de hacer. No porque la naturaleza de lo que hacemos haya cambiado, sino porque ha aumentado nuestra habilidad para hacerlo».
3. Decide cuáles hábitos y conductas vas a eliminar de inmediato en tu vida, a fin de que no te impidan lograr el establecimiento del estilo de vida que tanto anhelas.

La claridad mostrará la rapidez con que llegas a vivir
una vida de logros y de grandes deseos realizados.

El medio que te rodea

Cuando un pez está enfermo, nunca se trata al pez, sino al agua.
En otras palabras, se tiene en cuenta su ambiente. Entonces...

* ¿Que tan ordenado está tu armario? ¿Y tu escritorio?
  ¿Puedes encontrar lo que buscas y sentarte a trabajar
  en paz o pierdes muchos minutos buscando una
  carpeta que trajiste ayer?
* ¿Cómo está tu mente? ¿En qué piensas a menudo?
* ¿Cómo está el interior de tu auto? ¿Tu habitación? ¿Está
  la cama hecha? ¿Y la cocina?
* ¿Qué tipo de amigos tienes? ¿Te ayudan a crecer o
  hacen «fiestas de víctimas» quejándose de que la
  vida no les brinda «otra» oportunidad? ¿Aportan a tu
  crecimiento o son «vampiros emocionales» y «ladrones
  de sueños» que siempre están prestos para decirte el
  porqué la vida es dura y que nunca te irá bien?

Principios para crear ambientes que apoyen tu crecimiento y tu desarrollo personal

Considera lo que debes hacer para la creación de un medio que
no frene el éxito que deseas alcanzar:

* Primer principio: Perfecciona tu rutina diaria, pues este
  es el secreto para el éxito.
* Segundo principio: Busca una hora específica para orar
  en tu lugar privado.
* Tercer principio: Escucha y busca la voz del Espíritu
  Santo a diario.
* Cuarto principio: Escribe metas diarias y ponles fecha de
  vencimiento.

- Quinto principio: Documenta y visualiza tus sueños y metas a diario, y sé feliz con solo pensar en lo que harás cuando las alcances.

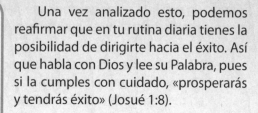

Considera lo que debes hacer para la creación de un medio que no frene el éxito que deseas alcanzar.

Una vez analizado esto, podemos reafirmar que en tu rutina diaria tienes la posibilidad de dirigirte hacia el éxito. Así que habla con Dios y lee su Palabra, pues si la cumples con cuidado, «prosperarás y tendrás éxito» (Josué 1:8).

Para más información sobre este tema, descarga este vídeo gratuito en: http://www.elsiemendez.com/video2

104

TERCERA PARTE

«Los medios y las conexiones divinas»

Capítulo

¡Rodríguez al rescate!

*«El proceso de la oración, creer, alimentar la fe,
aplicar una disciplina diaria para lograr lo deseado...
yo diría que es la receta perfecta para llegar».*

Sentada, mirando a lo lejos, los árboles me susurraban:
«Tranquila, Dios tiene el control...». Entonces, suena el teléfono y es un señor que se presenta diciéndome: «Soy Tony Rodríguez, de Dallas, Texas. Tengo varias estaciones de radio y necesito que usted venga a dirigir una de ellas». Mi primer pensamiento fue que era una broma de mal gusto de alguien. Al recuperarme del impacto, le contesté: «Y usted, ¿cómo supo de mí y dónde consiguió mi número de teléfono?».

Me contó que había asistido a una convención de la radio en Nueva Orleans en el centro de convenciones y que cambiando las estaciones me había oído en Radio Tropical haciendo el *show* de la mañana al lado de Lucho Torres y que había quedado impactado con mi voz y con mi estilo tan diferente. Continuó diciendo que tenía cinco meses de estarme buscando, que nadie

> Al recuperarme del impacto, le contesté: «Y usted, ¿cómo supo de mí y dónde consiguió mi número de teléfono?».

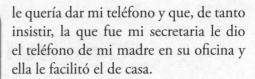

le quería dar mi teléfono y que, de tanto insistir, la que fue mi secretaria le dio el teléfono de mi madre en su oficina y ella le facilitó el de casa.

Tanto va el cántaro a la fuente...

Durante esos días fríos de enero, durante tres meses, este hombre llamó pidiéndome que fuera a Dallas para conocer sus estaciones de radio. Me dijo que me invitaría para todo, incluyendo pasajes, hotel, comida... y que me hospedaría en el renombrado hotel La Mansión, de Turtle Creek, en Dallas. No podía creer que yo no aceptara su invitación de ir a trabajar a Dallas, ¡el quinto mercado radial de los Estados Unidos!

Después de mucha oración, sin deseos de irme a Texas, donde no me veía ni tenía ganas de ir a trabajar. Sentía que Dios no me podría estar apartando de mis angelitos, de mi iglesia y menos de donde me estaban enseñando tanto de la Palabra de Dios. Por lo tanto, ¿cómo Dios me iba a separar de todo lo que ya había alcanzado? Pensaba y me decía: «¡Dallas no es para mí!».

> El edificio donde se encontraba la radio, impresionantemente espectacular, todo en mármol, espejos, vidrios y de primera clase, era para quedarse con la boca abierta.

Al fin, ante tanta insistencia, acepté y fui a ver las famosas estaciones de radio de los hermanos Rodríguez, unos personajes y hombres de radio muy conocidos allá. Me recibió en una limusina negra en el aeropuerto y así transcurrió todo el viaje. Todo por lo alto y lujos a tutiplén. El edificio donde se encontraba la radio, impresionantemente espectacular, todo en mármol, espejos, vidrios y de primera clase, era para quedarse con la boca abierta.

Me ofreció la posición de Directora de Programación y Promoción de «Latin 107 FM», con un magnífico sueldo y grandes posibilidades de crecimiento al tener la compañía más estaciones.

La petición de una señal

Es obvio que Dallas, con un mercado tan codiciado, era una tentación... pero aún me sentía como pajarito herido, sin la fuerza suficiente como para irme sola a vivir a una ciudad donde no conocía a nadie, excepto un gran amigo estadounidense, Cliff Bueche.

Lo llamé, le conté la propuesta y le pregunté: «¿Qué piensas de esto?». De inmediato, me gritó: «¡Acéptalo ya!». Entonces, me cuenta que se estaba divorciando, que acababa de cerrar su bella casa y que tuvo que meterlo todo en un almacén y que estaba preocupadísimo de que sus alfombras persas, sus antigüedades y todas sus cosas finas se le llenaran de moho y se le dañaran. Cliff era el gerente general de la joyería *Tiffany*, en Dallas y, como era natural, tenía cosas bellas, finas y de gran valor. «¡Ah, Dios!», me preguntaba, «¿ese eres tú?»

Hasta me ofreció que si aceptaba el trabajo, que no me preocupara en pensar en muebles ni en una sola cuchara, ya que me lo amueblaría todo con sus cosas, pues sabía que estarían en buenas manos y bien cuidadas. Luego, me dijo: «Solo preocúpate de conducir con tu auto hasta Dallas. Te ayudaré a conseguir un buen apartamento aquí y, de las demás cosas, me encargo yo». La

> Como todo viene al mismo tiempo, se me presentaron de pronto dos ofertas más de trabajo, no tan buenas, pero sí en Nueva Orleans.

realidad es que este era otro punto más a favor de aceptar el empleo.

Como todo viene al mismo tiempo, se me presentaron de pronto dos ofertas más de trabajo, no tan buenas, pero sí en Nueva Orleans. Una noche, orando con uno de mis angelitos, Rina Cortés, me dice: «Creo que estás tentando a Dios al no aceptar el puesto de Dallas. Si es que estás tan confundida, vamos a pedirle una señal».

Un jueves a las once de la noche, oré para que la primera de las tres ofertas que me llegara por vía telefónica, carta o fax fuera la señal de que ese era el empleo que Dios tenía para mí. Y, como resultado, me tocaría aceptarlo sin chistar.

Al día siguiente, viernes, me llamó una amiga desde su oficina a las ocho y media de la mañana. Como antes le había pedido permiso para utilizar su número de fax en todas estas negociaciones y papeleos, me tenía una gran noticia: «Elsie, te llegó un fax de Dallas con una propuesta de trabajo muy jugosa», me dijo. «¿Quieres que te lea el mensaje?».

«¡Por supuesto!», le respondí.

Con un gran aleteo en mi corazón escuché la oferta, convencida ya de una vez por todas que Dallas era mi próximo destino. No había más que discutir, ni pedir, sino obedecer. *Dallas, ¡aquí voy yo!*

Capítulo

15

Sube, sube, como la espuma

«No es tanto el destino, ni lograr llegar hasta allí, sino la victoria de haberte dado cuenta de lo que eres capaz y que naciste para ser un vencedor, un triunfador, un conquistador de tus sueños y deseos».

en mi auto negro deportivo metimos las maletas que pudimos y mi ángel Raquel Tapiero se ofreció acompañarme en esta nueva aventura de mi vida. Un viaje de diez horas desde Nueva Orleans hasta Dallas, orando por todo el camino, parecíamos dos cotorritas orando en lenguas y declarando sobre mi vida y el nuevo empleo pasajes de las Escrituras de éxito.

Un mundo nuevo y maravilloso

Dallas, fue una experiencia inolvidable. Fue mi escuela radial en los Estados Unidos. Venía de hacer radio con operadores y jamás había tenido que manejar una consola para hacer un

> Tony Rodríguez fue un hombre generoso, emprendedor, de gran excelencia para mi vida. Él y su bella esposa, Nelly, me acogieron como familia.

programa. Todo eso cambió con rapidez desde mi primer día. ¡Y qué cambio!

Tony Rodríguez era un gurú en todo lo que tenía que ver con la alta tecnología y con todo lo mejor del mundo. Era un hombre acostumbrado a la excelencia. Tenía los millones para vivirla y así manejaba sus compañías. Todas sus emisoras estaban automatizadas, computarizadas. Algunos equipos eran tan nuevos que acababan de salir al mercado, como los famosos aparatos para tocar y manejar con los dedos, con monitores gigantes a colores... ¡espectaculares!

Todo esto era algo que en 1993 no existía en ninguna parte. Su amabilidad fue tal, que me envió a Arkansas para unos cursos de esas computadoras.

Tony Rodríguez fue un hombre generoso, emprendedor, de gran excelencia para mi vida. Él y su bella esposa, Nelly, me acogieron como familia. A las fiestas y los conciertos de la radio nos llevaban en limusina. Todo iba más allá de lo imaginado. Un hombre excéntrico, criado en el imperio radial que fundó su padre, se daba el lujo de tener en su compañía lo mejor, lo más nuevo, y no le temblaba el pulso a la hora de mostrarle su nobleza a su gente.

Ese fue mi inicio en el mundo radial estadounidense, pues la radio en la que estuve en Nueva Orleans era una AM pequeñita, con oficinas en una casa móvil que aún conservaba las alfombras naranjas de los años 60 con paredes en verde y todo deshilachado, sucio y descuidado. Su dueño, además, no era generoso y su empresa la manejaba con esa misma falta de grandeza.

Mi realidad era que había pasado de un extremo al otro. ¡Y a qué extremo me había llevado Dios! Allí en Dallas, en seguida pasé a otros niveles en todos los aspectos, desde el punto de vista económico en especial. Las puertas se me abrieron en todos los lugares. Me nombraban a diestro y siniestro en todas las obras de caridad, en la sinfónica, en la ópera. En todo lo que tuviera que ver con la alta sociedad de Dallas, allí estaba yo representando al mundo hispano. Dios luciéndose de lo lindo en todo lo que tenía que ver conmigo y mi carrera. De verdad, ¡el Señor había abierto las puertas de par en par!

> Fueron años bellos. De mucho aprendizaje. De laborar en otro mundo. Claro que tuve mis altibajos, pues había mucha competencia en ese mercado tan grande.

Los sinsabores de la batalla

Mis años en la radio de Dallas fueron bellos. De mucho aprendizaje. De laborar en otro mundo. Claro que tuve mis altibajos, pues había mucha competencia en ese mercado tan grande. Parece que yo era solo una de las cinco mujeres programadoras en esa época en la radio hispana de la nación. Este era un mundo dominado por los hombres. No estaban nada contentos cuando me anunciaron como nueva directora general de «Latin 107 FM» y menos que iba a hacer el programa de la mañana también. ¡Qué no me hicieron! Me escondían los CD que me enviaban las disqueras con los nuevos temas y estrenos. No me invitaban a sus paseos en las tardes. Había un hombre y una chica en la estación AM de la empresa que me hacían la vida imposible. De modo que lo que debió haber sido para gran celebración, se volvió en un trabajo de supervivencia.

Sin embargo, Dios siempre peleó mis batallas y estuvo en control, aunque nunca antes había tenido que guerrear tanto como en esos años en Dallas. Esta fue mi graduación en la guerra espiritual. Todos los días me levantaba con la espada en la mano, orando por todo el camino hasta la estación. Incluso, muchas veces tuve que encerrarme en mi oficina para declarar

> Dios siempre peleó mis batallas y estuvo en control, aunque nunca antes había tenido que guerrear tanto como en esos años en Dallas.

la Palabra, bajar los ángeles guerreros del cielo y clamar por ayuda celestial a fin de poder seguir adelante.

En realidad, esa época fue muy fuerte, en especial al principio, pues trataron de sacarme a las malas... Sin embargo, Dios tenía otros planes. Además, me rodeó de personas encantadoras que me apoyaban en todo y que me ayudaron a sobresalir con rapidez, dándome una gracia y un favor impresionante no solo en la oficina, sino con el público de Dallas, que fue maravilloso recibiéndome con los brazos abiertos. Los índices de audiencia se elevaron en gran medida. ¡Dios había cumplido su promesa!

Un tiempo de solaz

Al pasar un par de años más o menos, entró una gran compañía nacional de radio a Dallas y estaban arrasando con todos los talentos más importantes de las radios hispanas de Texas. ¡Me llamaron en seguida!

Me hicieron una oferta para que les hiciera el *show* de la mañana. No querían que hiciera nada más, no tenía que programar, no tenía que trabajar el día completo, solo cuatro horas al día, de cinco a nueve de la mañana, ¡por el triple de salario! No pude resistirme. Además, fue un honor, pues todos los que estábamos en esa emisora éramos los «escogidos» y todos en el ámbito radial lo sabían... era un honor laborar allí.

La estación estaba compuesta por lo mejor de lo mejor de los locutores radiales del estado. Yo era una de las escogidas de Dallas y de Dios.

Fue una época linda. Aun así, me pasaba aburrida la mitad del tiempo. Después de las nueve de la mañana, no tenía mucho

que hacer. Solo querían que mantuvié-
ramos el índice de audiencia por encima de los trece puntos. Me pedían que
descansara mucho, que estuviera feliz,
que me hiciera faciales y masajes y que
me fuera de compras... pero que estuviera durmiendo en casa a partir de las
siete y media de la noche. Tenía mucha
gracia con los oyentes y me contrataban
para muchos remotos y desayunos. Mis
días pasaban de esa manera, siempre
pensando que había algo más, hasta que
un día me llamaron de Nueva Orleans.

> La estación
> estaba compuesta
> por lo mejor de
> lo mejor de los
> locutores radiales
> del estado. Yo
> era una de las
> escogidas de
> Dallas y de Dios.

Capítulo

En un «de repente»

«Aprendí y comprendí que mi actitud determinaría mi altitud. Las decisiones que tomara iban a marcar el rumbo de mi futuro».

Una de esas tardes donde todo sucedía a paso de tortuga, recibo una llamada personal de un señor llamado William Metcalf. Se trataba de un empresario que poseía una de las compañías de revistas y periódicos más grande de Luisiana. Curiosa, llamé a mi madre y le pregunté que querría este señor conmigo. Mi madre me dice que quizá quieran hacerme una entrevista como uno de los talentos locales que ahora triunfa en otro estado. Esto me causó mucha risa, pero no descarté la posibilidad. Tal vez me harían un artículo sobre talentos fugados hispanos que ahora triunfaban en otro lugar...

Otro éxito a la vista

A decir verdad, dejé pasar los días y se me olvidó la llamada hasta que recibí la segunda, así que la respondí por educación. Jugamos al gato y al ratón por varios días hasta que una noche nos conectamos.

Entonces, me habló de su empresa y de que solo le faltaba agregarle la parte radial a su compañía de medios de comunicación. También me contó que le habían dicho que la única persona que le podía dirigir su radio hispana era una mujer que se llamaba Elsie Méndez... pero que ya no se encontraba en Nueva Orleans.

Luego, continuó diciéndome que su secretaria se había pasado días buscándome en todas las radios de Texas, hasta que a la novena llamada había dado con la radio donde yo estaba y que ellos le habían dado mi teléfono.

Otra vez, un «de repente» a través de una llamada telefónica.

¡Su propósito era invitarme para que viajara a Nueva Orleans al día siguiente! Así que me dijo: «Compre el pasaje que yo se lo reembolsaré aquí en Nueva Orleans. De esa manera, podremos hablar de las posibilidades. Me interesa mucho conocerla y ver cómo podemos trabajar juntos». Quedé tan encantada con nuestra conversación que le dije: «Sí, allá estaré al mediodía, después del programa de la mañana».

Cuando llegué al aeropuerto, me estaba esperando su ayudante, quien me llevó directamente a las oficinas ubicadas en el último piso de un impresionante edificio en un suburbio de Nueva Orleans, Metairie, Luisiana.

De nuevo, un «de repente» a través de una llamada telefónica.

¡Simpatizamos desde el primer momento! Él tenía un sueño y yo quería ayudarle a hacerlo realidad. El único problema era la cantidad de dinero que yo estaba ganando en Dallas por esas pocas horas de trabajo, aunque el resto del día me encontraba cada día mas aburrida e inquieta.

Al darse cuenta de mis conocimientos, de mi experiencia y de que estaba dispuesta a hacer varios trabajos por el salario de uno, me pidió que regresara a Nueva Orleans. Me ofreció pagar la mudanza y todo lo que fuera necesario para comenzar. También me pidió que le diera unas horas para hacerme una propuesta formal que me presentaría al día siguiente en la mañana. Él mismo me llevó hasta el aeropuerto. En el camino, me contó acerca de lo emocionado que estaba ante sus planes de montar su primera emisora radial y veía en mí la posibilidad de hacerlo... ¡y de hacerlo bien

> **Me contó acerca de lo emocionado que estaba ante sus planes de montar su primera emisora radial y veía en mí la posibilidad de hacerlo... ¡y de hacerlo bien con toda la experiencia que ya había acumulado en Dallas!**

con toda la experiencia que ya había acumulado en Dallas! Su pasión me impactó y sentí que seríamos un buen duo para hacer realidad ese sueño de una radio grande en Nueva Orleans.

En efecto, al día siguiente recibí la propuesta. No fue de mi agrado, pues los números no me daban para regresar. Negociamos durante el día con varias llamadas que iban y venían hasta que llegamos a un acuerdo donde ambos nos sentimos bien. Renuncié ese mismo día, les dí dos semanas, me hicieron despedidas con lindas fiestas y desayunos de parte de mis compañeros y los oyentes.

Era evidente que entendían el gran reto, pero sobre todo la oportunidad de volver a mi casa que siempre había sido Nueva Orleans, el lugar donde se encontraba mi madre y todo lo que yo conocía. Al ser hija única, había una gran amistad y conexión entre las dos, y era justo lo que Dios quería y tenía planeado para mí... esto lo entendería años después.

Lo curioso de todo esto es que en esa misma semana me preguntaron en la radio de Dallas si me interesaría mudarme a Miami para trabajar en el *show* de la mañana de una emisora FM. El asunto es que acababan de despedir a la persona que ocupaba esa posición, una mujer conocidísima, y ante esto los oyentes estaban furiosos.

Consulté con una gran amiga de *Sony Music* y me dijo: «Elsie, la cosa está tan encendida aquí, que el que venga a ocupar el lugar de esta mujer se las va a ver muy mal. No la van a recibir bien, así que puedes quemarte en la ciudad rápidamente». Tomé sus palabras como un consejo sabio y me decidí por Nueva Orleans, con un sueldo mucho menor que el que hubiera recibido en el mercado número tres de la nación, Miami.

> Lo curioso de todo esto es que en esa misma semana me preguntaron en la radio de Dallas si me interesaría mudarme a Miami.

Muchas veces me he preguntado qué hubiera pasado si me hubiera ido a Miami. Si hubiera escogido esa plaza en vez de aceptar la de Nueva Orleans. Es una pregunta que solo Dios me podrá contestar cuando llegue al cielo. ¡Una más en mi lista de preguntas sin respuesta para Él!

Capítulo

De cabeza en piscinas vacías

«Tenía que recordar que lo importante no es lo que recibes al lograr tu meta, sino más bien en lo que te ha convertido esa meta».

me fui a Nueva Orleans acompañada por gente de mi iglesia evangélica donde me congregaba en Dallas. Llegamos a un precioso apartamento en frente de la marina de Nueva Orleans en el área del lago de Pontchartrain. Mi madre se había encargado de hacerme todo, y con su gusto exquisito había logrado encontrar un bello apartamento en uno de los edificios más lujosos de Nueva Orleans.

¡La Fabulosa estaba fabulosa!

De inmediato, me involucré en todo el montaje de la radio que decidimos llamar «La Fabulosa 830 AM». Se hicieron los logotipos y se tomó toda un ala para las oficinas con grandes ventanales de los que se veía la ciudad desde cada ángulo. Diseñé desde

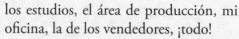

> **Usé todos mis contactos a través de los años y logré que me enviaran música desde los clásicos hasta lo más reciente.**

los estudios, el área de producción, mi oficina, la de los vendedores, ¡todo!

Usé todos mis contactos a través de los años y logré que me enviaran música desde los clásicos hasta lo más reciente. Además, emprendimos la tarea de montar la radio desde la primera canción hasta las ochocientas treinta canciones que logramos montar en las modernas computadoras que se compraron.

Una vez más, Dios me puso otro ángel grandote como asistente de producción, con el que hicimos todo el montaje de la música y de los anuncios, el gran Otto Orellana. Un hombre cristiano de bien, siempre dispuesto a dar más de lo que se le pedía. Hoy es mi gran amigo y hermano en Cristo, y continuamos llevando la música de Dios al mundo a través de VoceroRadio.com.

En mi contrato, una de las condiciones era que yo montaría y compraría el equipo al que estaba acostumbrada, y que era el mejor y lo último que había salido al mercado radial. Las cuñas publicitarias las grabé en Dallas, también viajando allá con frecuencia hasta que obtuvimos el sonido deseado.

La radio se montó como si fuera una estación FM, con sonido imponente, programación de la mejor y música variada para todos los gustos. Como venía de las grandes ligas, usé todo lo que vi y aprendí al montar esta estación que poco a poco se convirtió en mi bebé amada.

¡Salimos al aire *con todos los hierros* un 25 de marzo! Eso fue impactante, imponente, impresionante. Nunca se había escuchado una radio así en Nueva Orleans. La otra estación se había quedado atrás, mal manejada, con locutores ya quemados y algunos que nunca habían hablado en un micrófono haciendo y diciendo barbaridades.

Cuando llegamos, nos acogieron en seguida, pues el público estaba cansado de la otra radio y del desastre de su programación.

DE CABEZA EN PISCINAS VACÍAS

Fue hermoso ver el poder, la unción, la gracia y el favor de Dios en esta radio. A los dos meses, ya éramos la radio que había penetrado en los corazones de la bella gente de Nueva Orleans. ¡Un golazo celestial! Y económico.

Más responsabilidades...

La diferencia del manejo y del profesionalismo de la empresa que nos respaldaba era notoria. Esto nos llevó a ser una estación que facturaba de manera impresionante para ser un mercado tan pequeño. A los pocos meses me pidieron que no solo manejara la estación, sino que me convirtiera en la vicepresidenta de los medios hispanos de la empresa. Una de mis responsabilidades en esta nueva posición era la de ser directora general de su periódico *La Prensa*, tomando también el control total de las ventas de la radio y el periódico.

Feliz de poder usar todos mis conocimientos, y con mi Dios y el Espíritu Santo guiando cada paso, mi carrera fue ascendiendo de una manera vertiginosa.

En estos casos, por supuesto, las envidias no faltan. ¡Ya te podrás imaginar todo lo que tuve que enfrentar! No fue tanto por parte de los estadounidenses, sino de los mismos latinos. Gente que nunca había hecho radio, o porque habían estado frente a un micrófono durante una hora, se sentía con la capacidad de ocupar mi lugar.

No faltaron personas que le fueron al dueño para decirle que aceptaban menos salarios por ocupar mi posición. Metcalf, un viejo lobo, inteligente, no permitía que nadie hablara mal de su gente más cercana. Y yo era una de ellas, pues era una de sus cinco vicepresidentes. Por lo tanto, a todas esas

> Feliz de poder usar todos mis conocimientos, y con mi Dios y el Espíritu Santo guiando cada paso, mi carrera fue ascendiendo de una manera vertiginosa.

> ¡No había nadie que me fuera a quitar lo que Dios me había dado! Por eso tuve que pelear la emisora con oración, Palabra, ayuno y mucha intercesión.

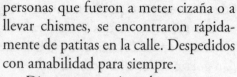

personas que fueron a meter cizaña o a llevar chismes, se encontraron rápidamente de patitas en la calle. Despedidos con amabilidad para siempre.

Dios representó, y ha representado, un gran papel en todos mis días de labor en este país. La empresa tenía doscientos cincuenta empleados, de los cuales treinta éramos latinos, que era mi departamento. Los demás siempre nos felicitaban, se sentían orgullosos de ser parte de nuestro departamento latino... pero entre los treinta que estábamos del lado de la empresa... la vida no era fácil.

Yo dirigía esa estación como si fuera mía. Con mano fuerte. Sé que muchos me decían «la dama de hierro»; sé que hubo cantidades de críticas por la manera en que se llevó la radio, pero era la única manera de salir adelante. Era la única forma de llegar a los niveles que llegamos allí en los ocho años que estuve al frente de esta estación.

¡No había nadie que me fuera a quitar lo que Dios me había dado! Por eso tuve que pelear la emisora con oración, Palabra, ayuno y mucha intercesión. Por supuesto, Dios me respaldó y calló a todos los que tanto quisieron desprestigiar la labor que se había hecho. Lo gracioso de todo es que, al parecer, mis exempleados me recuerdan aún como gran ejemplo de excelencia, profesionalismo y conocimiento radial.

Aquí es donde recuerdo la historia de los cangrejos en los baldes. Los hispanos en el balde sin tapa y los estadounidenses en el balde con tapa. Los hispanos no se tienen que preocupar jamás de fugas de sus tropas ni de su equipo, pues otro hispano lo halará de inmediato hasta el fondo del balde, a fin de asegurarse de que no suba jamás.

Siempre he pensado que los hispanos que han logrado sobresalir, o hacer cosas importantes en sus empleos, ha sido porque se han parado firme en cuanto a la manera de trabajar, haciéndolo todo con excelencia, sin importar el consenso general ni los promedios, y mucho menos dejándose llevar por la mediocridad.

En la cuerda floja

El programa de la mañana siempre lo iniciaba con una oración que abría el día, alabando a Dios, orando por las necesidades de los demás, por los enfermos o por cualquier otra petición que presentaran. Después seguíamos con el programa normal lleno de música, invitados, artistas, anuncios, etc.

Solo una vez vi mi trabajo en peligro durante esos ocho años. Una mañana, después del *show* me llamó Metcalf a su oficina, cosa que no sucedía con frecuencia. Él no era del tipo que se detenía en pequeñas cosas. Todo lo contrario, solo pedía resultados, y mientras se los dieras, manejabas tu departamento a tu manera y como quisieras, sin que nadie te estuviera *respirando en el cuello.* Jamás pensé en oír lo que me planteó: «Elsie, me han dado quejas por la oración que haces al iniciar el programa a las seis. La realidad es que esto ofende a algunas personas, así que me parece que no debes mezclar la religión con los negocios».

Me quedé sin respiración y sin habla al oírlo continuar diciéndome: «Por lo tanto, señorita, le voy a pedir que me quite esa oración a partir de mañana». Yo no lo podía creer, palidecí y sentí contestarle así: «Con todo el respeto que se merece, quiero decirle que, debido a esa oración, todo lo que sucede con esta bendita estación es gracias a esa oración que tanto parece mortificarle. Si

> «Elsie, me han dado quejas por la oración que haces al iniciar el programa a las seis. La realidad es que esto ofende a algunas personas, así que me parece que no debes mezclar la religión con los negocios».

yo tengo que trabajar aquí sin hacer esa oración, tendré que irme. No puedo sacar a Dios de mi día y menos de mi vida». Al decir esto, creí que iba a desmayarme. ¿Adónde me iría? ¿Dónde trabajaría? Sí, no había más radios... Además, con la competencia que le montamos a la otra estación, la gente allí no me podía ni ver. *¡Dios, ayúdame!*

Con mucha inteligencia, y de manera pausada, Metcalf me dijo: «No vamos a llevar esto a los extremos. ¿Qué te parece si lo piensas un par de días y me contestas el jueves?».

¡Dios tiene el control!

Después de aquella conversación, otras dos personas de mi absoluta confianza y yo comenzamos un ayuno hasta que llegó el jueves, día en el que podría quedarme sin empleo y terminar en la calle después de manejar la vida alrededor de esa radio que era mi tesoro preciado. Sin embargo, una voz en lo más profundo de mi ser me decía: «No temas. Yo estoy contigo».

Tal como habíamos acordado, llegó el jueves y, al entrar en su oficina, me pidió que me sentara. Esto era algo que él no hacía si las noticias eran malas. Esa era su costumbre y ya la conocía. Así que pensé: «¡Vamos comenzando bien!». Me habló de algunas trivialidades de sus hijos, de su casa y procedió a contarme de la encargada de las tareas domésticas de su casa y que había cuidado a sus hijos desde que habían nacido. Por supuesto, esa era una persona que él estimaba y que consideraba como parte de su familia.

Me comenzó a explicar... por dentro, yo estaba desesperada para que me dijera lo que iba a pasar y si tenía mi empleo o no. Sin apuros, me contó que esa señora era de Guatemala, y que esa mañana precisamente mientras le servía el desayuno tuvo una conversación con ella. Luego, me dijo: «Sabiendo la decisión que debía tomar hoy, le pregunté: "¿Qué te parece la radio nuestra?". Después de pensarlo bien antes de responderme, me comentó: "Pues fíjese, ¡viera cómo me gusta! En especial la Elsie

Méndez cuando hace esa oración todas las mañanas. Si viera, Sr. Metcalf, cómo ora ella por usted, por sus negocios, por la empresa, por su familia... ¡Hasta por el presidente del país! No se imagina cómo bendice al público... A una amiga mía hasta le salieron los papeles de inmigración después que ella oró por eso... Además, hay gente que se ha sanado de cáncer. ¡Eso es lo mejor que tiene la radio!"».

«Quiero felicitarte y pedirte que cuando ores, nunca olvides hacerlo por mí y por los míos. ¡Ahora vete y sigue haciendo lo que tanto sabes hacer!».

Él continuo serio, y con un ligero brillo en sus ojos, me dijo: «Ya no hablemos ni discutamos más sobre esto de "tu oración". Sigue haciéndolo y no te quiero oír decir más que me vas a renunciar. Tú también eres parte de mi familia, y la estación no estaría donde está si no fuera por el amor y el empuje con el que la has manejado. Quiero felicitarte y pedirte que cuando ores, nunca olvides hacerlo por mí y por los míos. ¡Ahora vete y sigue haciendo lo que tanto sabes hacer!».

Emocionada, y sin poderme contener, le dí un beso en la mejilla... Riéndose, se hizo el que veía unos papeles en su escritorio, y ese fue el fin de ese tema que no se tocó más nunca. Continué orando por él y los suyos, su empresa, hasta el último día que estuve trabajando allí. Para mí siempre fue un honor y un privilegio hacerlo. Él fue una persona que marcó mi vida, que me enseñó a vivir con excelencia y a jamás dejarme amedrentar de nada ni de nadie. Marcó mi vida para ser siempre valiente y a desempeñarme, tanto en lo laboral como en lo personal, con excelencia. Hasta el día de hoy, esto es algo que me esfuerzo por hacer a diario.

Capítulo

Lobos disfrazados de ovejas

«Al iniciar mi hoy, pensando en a quién puedo darle mi tiempo, mis oraciones, mi persona, mi atención, sé que me alimentaré el alma, porque el dar es recibir... ¡y con creces!».

¡La vida en Cristo era maravillosa! Todo lo que hacía venía con el sello de aprobación de mi Señor. Estaba bendecida en todo y con todos. De verdad que fueron unos años de cosecha maravillosa, solo faltaba la parte de un compañero, de alguien con quien compartir tantas cosas lindas.

Una relación difícil

Mi compañero del *show* de las mañanas, Fernando Gort, un día me habla que conoció a alguien que estaba muy interesado en mí y que quizá debería darle la oportunidad de conocerlo.

Abierta a darle una oportunidad al amor, acepté que me llamara por teléfono y allí comenzó una bonita amistad. Él era

> **Desde el principio, había algunas áreas grises que no me dejaban tranquila.**

un nuevo cristiano, de ahí su reciente inicio en el mundo de la fe. Parecía estar ávido de aprender más, de conocer más de la Biblia, y yo encantada de poder enseñarle todo lo que tanto había aprendido en todos estos años.

Desde el principio, había algunas áreas grises que no me dejaban tranquila. Él era como una persona con un pasado bastante fuerte y, además, parecía tener el *problemita* del ojo que se le iba tras otras mujeres. ¡Esa debió ser mi primera bandera roja! Sin embargo, debido a la soledad, a la falta de amor, a tantos años entregada a Dios, así como la petición que le hice a Dios de que me hiciera invisible, decidí sacar la relación adelante, sentí que era de Dios.

A pesar de todo, la vida no estaba siendo color de rosa con este hombre. Era un profesional de la mentira. Tenía una manera rarísima de ver la vida. Sus principios eran diferentes por completo a los de todos, pero yo insistía en restaurarlo.

Varios pastores amigos hablaban con él, le ministraban, lo aconsejaban y era como si le entrara por un oído y le saliera por el otro. La realidad era que yo estaba aterrada de verme en esta situación. Después de la vida tan pacífica y armoniosa que tenía, me veía envuelta en esta novela de pasiones, maltratos verbales, mentiras y estupideces.

Al fin, después de varios años de rompimientos y reconciliaciones, decidí darle fin a esta relación. Debido a todo lo que estaba viviendo, lo mejor era dejar a ese lobo disfrazado de oveja de una vez por todas. Fue la mejor decisión que hice, pues mi vida hubiera sido un infierno.

La casa de mis sueños

Dios había sido tan generoso conmigo, ya que pude construir la casa de mis sueños, a mi gusto. La decoré tal y como lo había deseado siempre, con todas las cosas que tenía en mi corazón. Mientras más me deleitaba en mi Señor, más me concedía las peticiones de mi corazón. Todo, absolutamente todo lo que deseé en esa casa, Dios me lo concedió.

Mi primo Álvaro Méndez, diseñador y arquitecto, me ayudó con los planos y la decoración de los pisos de mármol, la biblioteca estilo inglés, el cuarto de oración con vitrales hechos a mano, los jardines con las palmeras traídas de la Florida, la cocina profesional con mesa y asientos al lado de un gran ventanal mirando hacia el jardín... ¡todo era una belleza! Tal como lo había soñado, ¡pues era una casa de revista!

> **Mientras más me deleitaba en mi Señor, más me concedía las peticiones de mi corazón.**

La casa era bastante grande y la construcción demoró alrededor de un año. Entonces, nos mudamos, y digo «nos» mudamos porque mi madre vino a vivir conmigo, pues me asustaba estar sola en la casa después de haber vivido tantos años en edificios con seguridad y portería. Ese primer día fue muy bello. Me parecía imposible que hubiera podido construir eso sola en lo físico, pero muy acompañada en lo espiritual. Un sueño enorme que Dios me concedía, uno más...

La bendición desde los cimientos

Desde el primer momento, la casa estaba bendecida. Cuando me colocaron el cemento de los cimientos, con una varilla después de haberle pedido permiso al constructor, marqué cada rincón de esos cimientos con pasajes bíblicos y, en el mismo centro, puse en inglés: «Jesus is Lord over this house» [Jesús es Señor sobre esta casa].

Estuve días buscando pasajes idóneos para colocar en las diferentes habitaciones, áreas y terrazas. Cada una tenía que ver con lo que quería que sucediera en cada rincón. Por ejemplo, en

> **Me demoré tres horas haciendo eso, ¡nadie me podía detener! Estaba decidida a dedicarle la casa a mi Dios.**

la puerta de entrada estaba el Salmo 91. En la biblioteca, puse versículos de sabiduría y paz. En la cocina estaba el fruto del Espíritu Santo. En las habitaciones, pasajes de amor y paz, y así toda la casa estaba con la Palabra de Dios desde sus bases más profundas.

El señor que echó el cemento y que se tardó tanto dejándolo listo y perfecto, estaba muy molesto cuando me vio descalza caminando por todo ese cemento que ya estaba casi seco con mi varilla escribiendo con ligereza antes de que se secara del todo.

Me demoré tres horas haciendo eso, ¡nadie me podía detener! Estaba decidida a dedicarle la casa a mi Dios. Incluso, el contratista tuvo que decirle al señor del cemento que vociferaba barbaridades: «A usted qué le importa, para eso la casa es de esta señora y ella puede hacer lo que quiera».

Yo estaba tan decidida, que llegó un momento que ni le oía sus quejas. Solo sabía que eso se iba a secar en seguida y que, si no me apuraba, no iba poder cumplir mi cometido.

Esa casa fue una bendición para muchos hombres y mujeres de Dios. Allí se hospedaron muchos pastores que pasaban por la ciudad para sus actividades. También allí se hicieron muchas reuniones de oración y de intercesión. Fueron unos años bellos y llenos de alegría, así como de gran dolor, sobre todo en los últimos tiempos. Ya entenderás el porqué.

El desastre se avecina

En la radio las cosas marchaban de maravilla. Yo estaba devengando un gran salario y unas comisiones fuertes, cosa que no tenía a muchas personas felices en la parte administrativa de la empresa.

Cuando yo entré, había un muchacho que era el mensajero de la empresa, y poco a poco lo vi escalando. Estudió de noche contabilidad y terminó siendo el asistente del director financiero de la empresa. Además, vi cómo a través de hallar gracia con el dueño fue metiéndose en las altas esferas de la compañía. Era un hombre diferente por completo al dueño en cuanto al manejo de la empresa. Su estilo era el de dirigir a base de preguntas, de fisgonear, de revisarles a todos sus horarios y, en especial, a los departamentos de ventas de la empresa. En fin, le hacía la vida imposible a la gente al cuestionar cada dólar y cada minuto de trabajo.

El ambiente en la empresa ya no era el mismo. Se habían ido varias de las gerentes y vicepresidentas como yo. Así que mis sentidos ya me estaban gritando: «¡Alarma! ¡Alarma!». Cada día me sentía más infeliz. Todo había que consultarlo con él, y me cerraba las puertas en cuanto a proyectos de mercadeo. Lo peor fue cuando le pedí un aumento para mis empleados, en especial los que llevaban varios años ya con la radio y se desempeñaban de manera estupenda.

Ese «no» rotundo me impactó mucho, no me sentí bien. Mi gente estaba contando con ese incremento en salario, y el tener que decirles que me lo habían negado, fue como un balde de agua helada para todos.

Al poco tiempo, también me quería quitar de mis comisiones, me quería bajar el salario. Así que ya, para mí, la estocada final estaba dada. Yo estaba para subir de nivel, no para bajar.

El periódico *La Prensa*, del cual yo era su directora general, tampoco avanzaba debido a la editora que teníamos. Era una chica que pensaba que escribía para el *Wall Street Journal* y nuestro

> El ambiente en la empresa ya no era el mismo. Se habían ido varias de las gerentes y vicepresidentas como yo. Así que mis sentidos ya me estaban gritando: «¡Alarma! ¡Alarma!».

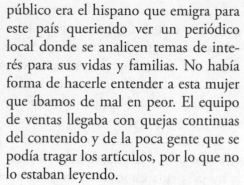

Eso me dio la idea fabulosa de montar mi propio periódico, hacerlo semanal, y darle precisamente al lector lo que buscaba en su periódico local comunitario.

público era el hispano que emigra para este país queriendo ver un periódico local donde se analicen temas de interés para sus vidas y familias. No había forma de hacerle entender a esta mujer que íbamos de mal en peor. El equipo de ventas llegaba con quejas continuas del contenido y de la poca gente que se podía tragar los artículos, por lo que no lo estaban leyendo.

Eso me dio la idea fabulosa de montar mi propio periódico, hacerlo semanal, y darle precisamente al lector lo que buscaba en su periódico local comunitario. Todas estas señales para mí fueron ideas y estrategias dadas por Dios, a fin de que yo las tomara e hiciera el mejor periódico bilingüe de la ciudad. Como resultado, tomé la decisión de hacer una muestra para un evento de empleo que había producido y vendí más de treinta mil dólares en publicidad con el pequeño ejemplar. ¡Esa fue mi luz verde!

Mi propia empresa

Me fui de vacaciones con la idea de que, a mi regreso, tener una conversación con el dueño, de modo que me diera su bendición y poder montar mi propia empresa publicitaria. Las cosas no sucedieron así. Alguien se me adelantó, pero en maldad. Se trataba del que fuera mensajero y que ahora dirigía la empresa. Así que, ni tardo ni perezoso, fue a ver al dueño y no sé qué, ni cómo le dijo, sobre mis planes.

El primer día después de mis vacaciones, me llamaron a la oficina principal. Tenían un ejemplar de la muestra del evento de empleos y con mucha seriedad me dijeron que podía irme. No tuve tiempo para explicar nada... ya las cosas se habían dado de esa manera, así que tuve que irme a un proyecto y un destino que ya estaban trazados.

Estaba feliz por iniciar un nuevo reto, pero triste a la vez debido a la forma en que sucedieron las cosas. Por otro lado, me hubiera gustado hablar con Metcalf, que fue mi mentor y por quien sentía un gran agradecimiento por la oportunidad que me brindó de poder servir.

Con gran entusiasmo y enormes sueños y planes, me lancé en ese nuevo camino de ser la dueña de mi propia empresa y periódico, *Vocero News Weekly*. ¡El periódico fue todo un éxito desde el primer día! El público lo recibió muy bien. No nos faltó nada, pues todas las sugerencias que había escuchado a través de los años las seguí al pie de la letra. Esto nos posicionó con rapidez en los corazones de los lectores y los anunciantes también nos siguieron felices.

> Con gran entusiasmo y enormes sueños y planes, me lancé en ese nuevo camino de ser la dueña de mi propia empresa y periódico.

Se amplían los horizontes

En ese mismo tiempo, se me dio por montar un Instituto Tecnológico para el hispano. En la radio había visto la tremenda necesidad de educación básica y simple para nuestra gente. Con el corazón deseoso de servir y ayudar, se inició este instituto donde dábamos clases de computación, inglés, español y todo tipo de cursos para mejorar el nivel de vida en este país. Mi madre daba clases de etiqueta, donde enseñaba cómo vestirse para una entrevista de trabajo, cómo confeccionar un currículum vítae y todo lo que tuviera que ver con avanzar hacia el sueño americano.

Llegamos a tener hasta dos mil estudiantes que pasaban por el instituto a todas horas. Éramos flexibles, pues la gente podía ir después de sus trabajos. También les vendíamos las computadoras que mi amigo Gerardo Zúñiga me proveía desde Miami,

> No contenta con todo eso, sentí que Dios me llevaba a mi propio edificio. Justo a unas pocas cuadras del instituto.

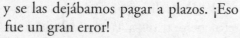

y se las dejábamos pagar a plazos. ¡Eso fue un gran error!

Los gastos se acumulaban durante cada quincena. Teníamos muchos profesores y técnicos, y los estudiantes pagaban de sábado en sábado, ya fueran veinte dólares o lo que pudieran, y esto no nos ayudó para nada. Tengo que confesar que se me fue de las manos. Entre el periódico y el Instituto tenía una gran cantidad de empleados y unos gastos muy grandes. Mi madre me prestó sus ahorros y yo metí los míos, hicimos lo que pudimos para salvar nuestro instituto amado... hasta mi hija me ayudó mientras estudiaba su maestría en ley marítima en Tulane.

No contenta con todo eso, sentí que Dios me llevaba a mi propio edificio. Justo a unas pocas cuadras del instituto había un edificio que negocié con el dueño, pagándoselo directamente y así tener el segundo piso para el instituto. El primer piso sería para las oficinas del periódico y el otro lado para alquilar. Tenía más de seiscientos cincuenta metros cuadrados y alrededor de cuarenta y cinco estacionamientos. Con Dios me había vuelto invencible y nada ni nadie parecían poder pararme.

Solo Dios es la respuesta

En realidad, pensé que esto era de Dios, y me lancé con todo entusiasmo a renovarlo y ponerlo como yo quería. Para el primer piso, conseguimos uno de los mismos clientes del periódico, una clínica médica. Todo parecía perfecto hasta que... llegó un huracán. Como resultado, se les inundó todo el piso dañándoles las computadoras, los muebles y otros equipos. El gasto inicial era de treinta mil dólares para reparar los daños y tenía que ponerlos de mi bolsillo.

Al parecer, no sintieron que el trabajo se estaba haciendo lo bastante rápido. Más tarde, me enteré que los dueños se estaban divorciando, y estar atados a un contrato de tres años los aterró, así que en esto vieron la posibilidad de salida. ¡Una noche llegaron con varios camiones y se lo llevaron todo!

Cuando llegamos al día siguiente, vimos el estacionamiento vacío y después sus oficinas también. ¡El golpe fue terrible! Cuando los llamé, me amenazaron con demandas y la vida se complicó. Entre el gasto de los arreglos, la huida de esta gente y las amenazas de demandas, abogados y lo que eso podía costar, entré en pánico. El temor se apoderó de mí.

> Fue una época difícil. Yo estaba como ciega, no podía pensar con claridad, no encontraba salidas para nada.

Fue una época difícil. Yo estaba como ciega, no podía pensar con claridad, no encontraba salidas para nada. Yo, una mujer que estaba acostumbrada y preparada para resolver cualquier problema, sentía que no avanzaba.

En medio de todo esto, ¿dónde estaba mi Dios? No lo sentía a mi lado. Pastores amigos venían a verme, oraban conmigo, me daban sus consejos, pero nada parecía arreglarse.

Ese tiempo que debió haber sido uno de los más felices se tornó en un infierno. A pesar de que tenía un edificio tan lindo, no podíamos encontrar una persona que quisiera alquilar la parte de abajo. Ni mi madre que era vendedora de casas residenciales parecía poder encontrar a alguien que manejara la parte comercial. Pasaban los días y yo batallando sola con todo ese tinglado encima tratando de sobrevivir, de pagar el edificio, los arreglos, los empleados y mantener un equipo de ventas decente para el periódico. Fueron días pesados, solo la fuerza de tener a Dios conmigo, de confiar en su Palabra y en sus promesas me mantuvieron a la expectativa de algo bueno en el futuro inmediato.

Capítulo

Knockout al corazón...

«Si me motivo a diario, recuerdo a cada momento que hoy es hoy; y si mi mañana tuviera otro revés, seguiré creyendo y confiando que Él hará lo que ya no puedo hacer yo».

decidida a confiar en Dios, en sus promesas, en las profecías dadas, a continuar por el buen camino, diezmar, ofrendar y hacer el bien donde pudiera, continué con el edificio a cuestas, como un enorme elefante encima de mis hombros, así como con el periódico. El instituto seguía, pero ya con menos estudiantes. Solo aceptábamos los que en verdad querían pagar, pues ya no podía continuar con ese desorden de que «le pago cuando pueda». Como es obvio, esto nos bajó el registro de estudiantes a menos de la mitad. A menudo, la contadora me decía: «¡Suelta esa *mochila*! No produce y no estás en posición de regalar las cosas». Así que, cuando el último estudiante terminó su curso, pudimos cerrar el instituto. Entonces, nos dedicamos a continuar con fuerza el periódico.

> Llegamos hasta a montar un noticiero de televisión que se llamó Vocero Live! Era un noticiero semanal con noticias locales que sacábamos del periódico, el uno se alimentaba del otro.

La vida sigue su curso

Avanzaban los días, todas estábamos en lo nuestro: mi madre con su negocio de bienes raíces, mi hija estudiando y disfrutando de su grupito de amigos en la universidad y yo dándole para adelante con el periódico, buscando ideas innovadoras de cómo producir más, de cómo subir más nuestras ventas, etc.

Llegamos hasta a montar un noticiero de televisión que se llamó *Vocero Live!* Era un noticiero semanal con noticias locales que sacábamos del periódico, el uno se alimentaba del otro. El set de noticias era espectacular, diseñado y hecho por mi primo, Luis Colmenares, uno de los artistas más respetados y famosos de la ciudad. Recuerdo que el escritorio de los presentadores tuvieron que subirlo con cuerdas por una ventana desde el camión al segundo piso, ¡pues no cabía por las escaleras!

El noticiero fue un éxito también. Teníamos a toda la plana mayor de la ciudad con nosotros, ya que era un canal de la alcaldía de Kenner y ellos nos vendieron el espacio muy económico, precisamente para que pudiéramos llevar las noticias a la comunidad hispana.

Al parecer, todo marchaba bien. Siempre había sus dificultades, pero eran cosas menores que no impedían que las cosas siguieran su curso normal. Es más, la vida parecía transcurrir en paz.

La noticia más devastadora de todas

Un domingo, en un almuerzo de las Damas Colombianas, mi madre me confiesa que no se ha estado sintiendo bien, que tiene el estómago muy inflamado y que, después del desayuno-almuerzo, piensa irse a casa directamente. Esto nos extrañó, pues mi madre era la última en irse de todo. Además, disfrutaba al máximo las actividades sociales, así que me pareció un poco extraño. Esa noche hablamos varias veces. Sin embargo, seguía quejándose de su estómago, de lo hinchado que estaba, y de que no se podía casi ni mover del cansancio. En realidad, pensé que era una más de sus vanidades, ya que mi madre siempre se preocupó de su cuerpo y de su físico casi de manera obsesiva. Por lo tanto, me acosté tranquila pensando que al día siguiente estaría mejor.

Ese lunes en la mañana, a las nueve en punto, mi madre me llamó para decirme que iba camino al hospital en una ambulancia y que la viera allá después que terminara una reunión de negocios importantísima que tenía en ese momento. Mi hija también estaba en pleno examen del colegio de abogados y no la pudimos localizar.

En realidad, no lo podía creer. ¡Mi madre en una ambulancia! ¡La mujer más sana y llena de vigor camino al hospital en una ambulancia! Mi madre siempre había sido una mujer muy sana. Comía tan sano que era el tema de sus amistades y el nuestro por su obsesión de cuidar su cuerpo. Solo comía alimentos orgánicos, hacía ejercicios, jugaba tenis una vez a la semana, trotaba en el parque cinco kilómetros diarios y alzaba pesas a menudo para mantener su fuerza y los músculos ágiles.

Tenía setenta y dos años, pero parecía de cuarenta y cinco con todo el cuidado que le daba a su físico. Fue reina de belleza en nuestro país, y su belleza siempre fue tema de conversación en todas partes. Una mujer rubia, alta, de ojos azules enormes y con un cuerpo espectacularmente bello. ¡Esto no podía estar sucediendo! Algo no estaba bien...

Llegué en seguida al hospital donde la operarían en pocas horas. Pregunté lo que pasaba y me informaron que tenía un tumor del tamaño de una toronja en su útero y que se había diseminado a varios órganos. Por lo tanto, había que intervenirla de inmediato.

> **Logré llamar a un par de amigas que vinieron a acompañarme mientras se llevaba a cabo la operación que duró seis horas.**

Logré llamar a un par de amigas que vinieron a acompañarme mientras se llevaba a cabo la operación que duró seis horas. Un amigo médico se metió en la sala de operaciones y salió con una cara de tragedia dándonos la noticia de que la cosa no se veía bien. Que estaba invadida de cáncer y no le quedaban muchos días.

Yo no podía creer lo que estaba pasando. ¡Mi madre! ¡Mi amada madre! La mujer que había estado a mi lado toda mi vida. Lo único que tenía fuera de mi hija. La única persona que me había acompañado en todos mis proyectos por más locos que fueran. ¡La mujer que nunca me había abandonado y con la que pude contar siempre para todo! ¿Qué estaba pasando? *¡Dioooos! ¡Dioooos!*

Una decisión difícil

A los pocos días de la operación, nos citaron en el consultorio de su oncólogo para darnos la noticia de que le quedaban más o menos veintidós días de vida. Mi hija y yo nos quedamos mirando sin poder articular palabra alguna. Nos pasaron una caja de pañuelos desechables, que no hubo necesidad de usar, pues el impacto fue tan grande que no articulamos palabra por horas. Ninguna de las tres. Mudas. Estuvimos mudas durante varias horas hasta que al fin pudimos hablar del problema.

El médico sugirió que la lleváramos a vivir conmigo, que desmanteláramos su casa cuanto antes, que lo cerráramos todo... ¡Una vida entera en cajas, pues ya venía el final!

Mientras ella seguía en el hospital recuperándose de la operación, una amiga, Darlene Kattan, me acompañó a desmantelar su apartamento, a desocuparlo. Ese lugar que fue mi hogar también, donde viví por veintiséis años, donde los recuerdos y los momentos vividos nos gritaban desde cada rincón. Eso fue tan grande, que hoy escribiendo esto, aun me duele el corazón... No puedo decir qué pasó ni cómo lo hicimos. Solo sé que el edificio de oficinas que compré sirvió para algo en ese momento trágico. Pusimos allí todo el apartamento de mi madre y sus cosas finas las llevé a casa. Mi madre era una mujer muy elegante y siempre se había vestido muy lindo. La nominaron varias veces entre las diez mujeres más elegantes de Nueva Orleans. Por lo tanto, ¡sus armarios de ropa ocuparon varias habitaciones de mi casa!

Cuando la instalamos como en mi casa, quería que se sintiera cómoda, feliz dentro de la situación. Entonces, me pidió conversar conmigo y con mi hija. Nos dijo con voz quebrantada y débil: «Me han dado un par de semanas de vida. No quisiera irme y dejarlas solas. Existe la posibilidad de recibir una quimioterapia muy agresiva para ver si me dan un año más de vida. ¿Qué piensan ustedes? Yo estoy dispuesta a pasar por todo lo que tenga que pasar si ustedes me acompañan en esto y si es el deseo de las tres...». Nuestra respuesta inmediata fue: «¡Claro que sí! ¡Démosle pa'lante!». Y allí comenzó la batalla campal de mi madre por su vida.

Esperanza y dolor

Seguir con vida era la prioridad del momento. Ese cáncer se adueñó de nuestras vidas, de nuestra bella casa, de nuestras finanzas y de nuestros corazones. Entro como una sombra para quedarse.

Nunca he visto una persona con tanta clase, con tanta elegancia, con tanta fuerza batallar esta enfermedad. Jamás se quejó. Al final, soportó sus dolores agarrada del colchón de la cama con la sábana metida en su boca para que yo no oyera sus gemidos de dolor. Pensaba que no me daba cuenta, pero escuchaba cada sonido. Mi cuerpo y mente estaban en alerta constante. Muchos días pasé encerrada en la biblioteca y ella en la planta de arriba retorciéndose de dolor. Yo no podía hacer nada, ya no sabía que más hacer. Los dolores empeoraban cada día y sus fuerzas aminoraban a cada instante. Muchas veces ponía la música a todo volumen y caminaba dentro de la casa para hacer ejercicio, con el propósito de descargar todo lo que había dentro de mí. Fueron dos años terribles y a la vez lindos. Sus amigas y las mías se portaron muy bien. La gente nos ayudaba cocinándole cosas como hígado y todo lo que la fortaleciera.

Así como la casa permanecía en silencio la mayor parte del tiempo, también logramos hacer varias reuniones y fiestas importantes para celebrar cada logro de las quimioterapias. Yo iba con diligencia a la oficina a trabajar buscando refugiarme en otras cosas para dejar de pensar que pronto iba a perder lo que más quería. No podía imaginarme la vida sin ella.

Hubo un tiempo donde llegó a entrar en «remisión» y fue maravilloso, pues volvió a trabajar algo en su profesión. Es más, salía con las amigas y llegó hasta manejar su automóvil de nuevo.

Dios nos enseñaba que aunque nos sintiéramos en medio de la tormenta más fuerte de nuestras vidas, nos alentaba a creer que de esta saldríamos, que esto solo era una lección más de vida, y que si pasábamos el «examen», lograríamos escalar otro nivel con más fortaleza, a fin de poder continuar en el camino trazado para cada una de nosotras. En medio de esto, todos los días me ponía papelitos en cada rincón de la casa que me recordaran que «Dios tenía el control».

> Seguir con vida era la prioridad del momento. Ese cáncer se adueñó de nuestras vidas, de nuestra bella casa, de nuestras finanzas y de nuestros corazones.

Los pasatiempos... ¡y los negocios!

Al parecer, me veía muy estresada manejando tantas cosas a la vez, cuando una amiga querida, terapeuta familiar, María Consuelo Husserl, me sugirió que buscara un pasatiempo a fin de poder resistir todo lo que estaba sucediendo. Esas cosas de Dios maravillosas, nos vino a visitar una amiguita de mi hija que era abogada también. Esta muchacha había pasado un curso de joyería y se había hecho una pulsera muy linda. De inmediato, le pregunté dónde había aprendido...

En mi época de casada en Bogotá había tenido una preciosa joyería boutique y pensé: *Bueno, llegó el momento de dedicarme a algo que me fascina y que me dará algo de descanso mental.*

Me matriculé en seguida, ¡y comenzó una de las épocas más agradables de mi vida! Resulté ser la mejor de la clase por mi estilo de diseño con los colores y la mezcla de piedras que resultaban bastante interesantes. Siempre me ha gustado la joyería grande y que cause impresión... así que comencé a ponerme mis propios diseños y a llegar a casa sin ellos, pues los vendía desde mi mismo cuello y pulso a las amigas.

Esto sucedía cada día con mayor frecuencia, hasta que un día me llamó la gerente de uno de los centros de compras más lujosos de Nueva Orleans, Canal Place. Había visto una de mis creaciones en un cóctel donde una amiga lo tenía puesto y quería ver si me interesaba abrir un local pequeño en la mitad del centro, justo frente de Gucci y Brooks Brothers. ¡Yo no lo podía creer! Y, feliz, le dije: «¡Claro que sí!». Un reto más que me tendría entretenida y ocupada, ¡justo lo que necesitaba!

Luego, me sugirieron que me presentara con unos seis collares para someterlos a junta. A los pocos días, me reuní con ellos y ni siquiera me pidieron ver los demás. Con el que llevaba puesto de varias vueltas de corales rojos fue suficiente para aprobarme.

¡Fue un tiempo hermoso! Se abrió «Chica Thing», y como todo lo mío, me metí con todos los hierros a decorar el lugar y a producir cosas bellas para la venta. Aún recuerdo el primer día que abrimos. Eran las diez de la mañana en punto. No habían pasado quince minutos, sin que hubiéramos vendido algo, y allí supe que sería un éxito. Así fue.

> **Entramos al año 2005, y mi mamá no se sentía bien. Sin embargo, habíamos pasado un fin de año hermoso con nuestras amistades reunidas en casa.**

La joyería resultó todo un éxito. Teníamos nuestras clientas que regresaban por más, y nosotros tratando de sacar diseños nuevos cada semana. Hasta mi hija recibió clases también y me ayudaba a producir la mayoría de las cosas. Por lo tanto, nos extendimos a un segundo local en Riverwalk Mall, a pocas cuadras donde compraban los turistas de los cruceros que paraban allí.

Mientras tanto, la vida transcurría con todos estos proyectos. A fin de promocionar nuestros productos, hacíamos *shows* privados antes de cada colección en mi casa. Mi madre servía de anfitriona y mi hija llevaba a todas sus amigas de la universidad... ¡todos felices! También el periódico seguía con su ocasional problema de la falta de buenos ejecutivos de ventas. El noticiero no se quedaba atrás y las joyerías, que era lo que más me gustaba y daba paz, continuaban con un éxito rotundo.

Entramos al año 2005, y mi mamá no se sentía bien. Sin embargo, habíamos pasado un fin de año hermoso con nuestras amistades reunidas en casa. En esa oportunidad, hicimos el lanzamiento simbólico de globos al aire con nuestras peticiones más íntimas. A mi mamá le colocamos su corona de reina que aún conservábamos y la hicimos cantar, cosa que disfrutaba muchísimo. Después, hicimos un círculo tomados de la mano para darle gracias a Dios por lo vivido. En verdad, fue una noche muy significativa para los que estábamos allí. Todos la llevaremos en nuestro corazón para siempre y recordaremos las plegarias de mi madre al cielo cuando lanzó su globo blanco con ojos brillantes, y esperanzada, pidiendo más días de vida.

Capítulo

Los reveses que nos da la vida

«Si me motivo a diario, recuerdo a cada momento que hoy es hoy; y si mi mañana tuviera otro revés, seguiré creyendo y confiando que Él hará lo que ya no puedo hacer yo».

a mediados de mes, mi mamá nos dio la noticia de que el cáncer había vuelto más agresivo que nunca y que ahora sí ya no le quedaba más tiempo. Los médicos le habían dicho que ya solo quedaba esperar. Así que se dedicó a dejar todos sus papeles en orden, empacar sus cosas, botando lo que no servía, despidiéndose de sus amistades y tan delicada, como todo lo de ella, le había pedido al médico que la ingresara en el hospital para poder morir allí y no tener que morir en casa y dejarme con ese terrible recuerdo.

> En el hospital estaba tan resistida a irse, a dejarme sola con mi hija sin más familia cercana, que batalló por varias semanas más.

La partida

El médico le había tomado mucho afecto a mi madre. La admiraba de verla cómo llevaba su enfermedad con tanta entereza y fuerza, así como su amor por nosotras al luchar para no irse dejándonos solas. Le dijo que haría todo lo que estuviera en sus manos, aunque ya en estas circunstancias tenía que morir en una residencia para enfermos terminales o en mi casa. Ella rogó y rogó tanto, que le concedió su deseo y la ingresaron el 22 de enero de 2005 diciéndole adiós a la casa y a todas sus pertenencias para siempre.

Fue la primera vez que vi a mi madre salir sin su peluca. Se sentó en el automóvil con su cabecita pelada, rosadita, y esos ojos azules se le veían enormes sin una sola pestaña, mirando con tristeza la casa mientras nos íbamos poco a poco al alejarse de todo lo que una vez conoció como suyo. Y aun así, me sonreía y me daba fuerzas a mí, tomando mi mano y apretándola fuerte. Sabíamos que ya no volvería más.

En el hospital estaba tan resistida a irse, a dejarme sola con mi hija sin más familia cercana, que batalló por varias semanas más. Y el médico inventando cosas para que la dejaran en el hospital hasta el final. Tanta era su fuerza de no irse, que los médicos tuvieron que hablarme en privado para que yo la dejara ir. El capellán del hospital me pidió que conversara con ella y le dijera que yo iba a estar bien, que se podía ir, pues ya había llegado el momento de despedirnos.

¡Así fue! Después de tres días de esa conversación, ya con mucha morfina por los dolores tan fuertes, se entregó a los brazos de mi Señor con una cara plácida y llena de paz. Me acosté en la cama con ella, la abracé y estuve así a su lado por horas hasta que las enfermeras pidieron llevarse su cuerpo. Se nos había acabado el tiempo. Se había acabado una vida que para mí fue lo más importante... ¡mi madre querida!

La noche en que creí morir

De Colombia vino la única tía que tengo por parte de madre, Dora de Zubiría, acompañada de mi prima, su hija, Clara Elena de Zubiría. Esto fue maravilloso para mí. No sé qué hubiera hecho sin ellas. Tomaron el control de la casa, y la misma noche en que mi madre murió, tuve un terrible ataque con la misma muerte.

Desperté a las tres de la mañana con un frío terrible. No había medias ni colchas que me dieran calor. Mi tía Dora calentó en el horno de microondas unas toallas y me las ponía encima. Me pusieron cuatro pares de medias y yo no paraba de estremecerme con unas fuertes convulsiones y una fiebre altísima. Los escalofríos eran tan tremendos que yo pensé que me iba con mi madre también esa noche. Esto duró una hora más o menos, y después me sentí inconsolable pensando en mi madre aún en el sótano de ese hospital, desnuda, con frío en todo su cuerpo, antes de que la llevaran a la funeraria a la otra mañana.

Fue una noche muy fuerte... sentí que batallaba contra las fuerzas del mal. Si mi tía y mi prima Clarita no hubieran estado allí, llamando mi nombre, quizá hubiera muerto también. ¡Fue una experiencia extraña y espantosa!

Antes de terminar...

Llegamos a una nueva parada en nuestra peregrinación a través de este libro. Es tiempo de que reflexionemos en uno de los males más perturbadores que enfrenta la humanidad. Se trata del temor y el miedo que no nos permiten avanzar. Por eso, quiero que hablemos de esto y que veamos algunos consejos prácticos para echarlos fuera de nuestra vida.

Según el diccionario, el temor es la pasión del ánimo que hace que huyamos o rechacemos lo que consideramos dañoso, arriesgado o peligroso, mientras que el miedo es esa perturbación angustiosa del ánimo por un riesgo o daño real o imaginario. Ante estas definiciones, ¿a qué conclusión llegamos? Si no dejas atrás el miedo y el temor, no lograrás la victoria en las cosas que emprendas en la vida. Ah, primero, lee lo que te dice la Palabra de Dios:

> *Escucha lo que te mando: Esfuérzate y sé valiente. No temas ni desmayes, que yo soy el Señor tu Dios, y estaré contigo por dondequiera que vayas.*
> *Josué 1:9, R VC*

TERCER PASO DE ELEFANTE: 3
«Deja atrás el miedo y el temor»

El miedo y el temor son dos espíritus que podrían reducirse a uno solo. Son casi lo mismo y, en especial, producen el mismo resultado. Por lo tanto, quiero ofrecerte ahora algunos consejos que, sin duda, te serán de gran ayuda.

Siete consejos prácticos para dejar atrás el miedo y el temor

- **Primer consejo:** *Confía en Él y activa tu fe.* Esta seguridad del amor divino es la base de nuestra fe cristiana, pues «de tal manera amó Dios al mundo, que ha dado a su Hijo unigénito, para que todo aquel que en él cree, no se pierda, mas tenga vida eterna» (Juan 3:16, RV-60).
- **Segundo consejo:** *Permite que el amor sea luz en la oscuridad.* En el amor no puede existir el miedo y el

temor, pues «en el amor no hay temor, sino que el perfecto amor echa fuera el temor» (1 Juan 4:18, RV-60).

- **Tercer consejo:** *Deja que la esperanza sea la brújula que te oriente, que te dé la dirección.* Debemos «esperar» la manifestación de todas las hermosas promesas del Altísimo, porque «Dios no es hombre, para que mienta» (Números 23:19, RV-60).
- **Cuarto consejo:** *Sustituye lo negativo con lo peor que pudiera suceder.* Si lo haces, te darás cuenta que en medio de todo no es tan malo. Muy pocas cosas nos llevan al límite de la posibilidad de la muerte física real, y para nosotros «el vivir es Cristo y el morir es ganancia» (Filipenses 1:21).
- **Quinto consejo:** *Enfrenta el miedo y el temor con todo.* Haz lo mismo que hizo David cuando desafió a Goliat o lo que hizo Jesús cuando se dirigió a Jerusalén para morir en la cruz por ti y por mí. Todo esto es posible «porque no nos ha dado Dios un espíritu de cobardía, sino de poder, de amor y de dominio propio» (2 Timoteo 1:7, RVC).
- **Sexto consejo:** *Convierte la Palabra en la autoridad suprema de tu vida.* Si conoces la Palabra, la puedes usar cada vez que se te acerque el enemigo.
  - ✦ Cuando te diga: «Te voy a robar», le contestarás: «Me tendrás que devolver siete veces lo robado» (Proverbios 6:31).
  - ✦ Cuando te diga: «Te voy a enfermar», le responderás: «Yo sirvo a Aquel que por sus heridas soy sano» (Isaías 53:5).
  - ✦ Cuando te diga: «Nadie te aprecia», le contestarás: «Dios siempre está conmigo, pues "aunque mi padre y mi madre me abandonen, el Señor me recibirá en sus brazos" (Salmo 27:10)».
- **Séptimo consejo:** *Alaba a Dios en voz alta, a toda hora y en todo tiempo.* El enemigo no resiste la alabanza. Entonces, alaba y adora a Dios en tu auto, en la casa, en el baño, antes de dormir, al levantarte, a toda hora y

en todo momento. El Señor habita en la alabanza de su pueblo (Salmo 22:3).

No quiero pasar al siguiente capítulo sin antes decirte que Dios es Todopoderoso y que Él es mayor que cualquiera de tus temores. Él pelea tus batallas y siempre es más que vencedor. Cuando vengan esos momentos difíciles de tu vida, grita a los cuatro vientos para que todo el mundo te escuche: «¡Todo lo puedo en Cristo que me fortalece!» (Filipenses 4:13, RVC).

 Para más información sobre este tema, descarga este vídeo gratuito en: http://www.elsiemendez.com/video3

CUARTA PARTE

«Días oscuros, nuevos comienzos»

CUARTA PARTE

Cosas que no debemos olvidar

Capítulo

«¡Dios, no te oigo, ni te veo, ni te siento!»

«John F. Kennedy decía: "Olvida tus enemigos, pero nunca olvides sus nombres". He aprendido a no dejarme tumbar dos veces... aunque al contrario de Kennedy, ¡sí se me han olvidado los nombres de todos!».

durante esta etapa de los enredos con el edificio, de los problemas económicos que me trajo ese huracán y los daños a la estructura, los costos, la enfermedad de mi madre y todo lo que estaba sucediendo a mi alrededor, me molesté con Dios. Sentía que me había traicionado.

No podía creer que Él permitiera que me pasara todo esto. No podía sentirlo a mi lado. No sabía ya ni cómo orar. Se habían acabado mis palabras. Se había secado mi corazón. Se habían acabado mis fuerzas. Me encontraba en un desierto árido y seco. Me sentía metida dentro de un pozo oscuro y sin salida. Mis oraciones se habían terminado y era más fácil mirar para otro lado.

La época del desierto

Me sorprende aún recordar cómo tantos pastores que estuvieron a mi lado en las buenas, que disfrutaron de mi tiempo en la radio y en el periódico para todo lo de sus iglesias y eventos, que no me hubieran buscado, que no me hubieran ministrado viendo por todo lo que estaba pasando. Siempre pensé también que ese novio lobo vestido de oveja me había traído una racha de maldiciones y, a su salida, me había dejado invadida de demonios y espíritus de maldad.

Pensando que había ayudado a tantas personas, recordando tanta ofrenda que había sembrado en diferentes ministerios, mis diezmos religiosamente dados, no podía entender lo que me sucedía. Me faltó un mentor cristiano que me hubiera podido guiar, ayudar, sacar de esa oscuridad. En las noches solo se podían escuchar mis gritos de angustia clamándole a Dios que me ayudara, que me mostrara que Él estaba aún a mi lado.

Fueron días trágicos. Mi vida no tenía sentido después de la muerte de mi madre. No quería seguir aquí. Le pedía a Dios que me llevara pronto. Tenía mis discusiones con Él... así que le preguntaba: «Señor, ¿por qué te llevas gente maravillosa que tanto se necesita? ¿Por qué no me llevas mejor a mí?».

La realidad era que sentía que no le hacía falta a nadie. Así que pensaba que mi partida no produciría daño ni tristeza. Por lo tanto, ¿por qué no yo? No me cansaba de pedirle a Dios una y otra vez: «¡Llévame, Señor! ¡Llévame!».

> La realidad era que sentía que no le hacía falta a nadie. Así que pensaba que mi partida no produciría daño ni tristeza.

Como buena guerrera que soy, seguí llevando la vida lo mejor posible dentro de todo lo acontecido, por eso sentí la necesidad de simplificar mi vida. Los señores del edificio me tenían apabullada cobrando su hipoteca a unos intereses absurdos de más del veinticinco por ciento. Por consiguiente, decidí vender el edificio, pagarles su dinero, alquilar las oficinas de abajo para el periódico y seguir con las joyerías que sí producían de manera estable.

En esa época no faltó nada en cuanto a lo malo. Todo era como de película de horror. Un ejecutivo de ventas estadounidense, que manejaba los clientes anglohablantes, ¡estaba viviendo en mi oficina! Se había quedado sin casa, no sé qué doble vida tenía, y era el primero que llegaba todas las mañanas, según cabe suponer, y yo hasta lo usaba como ejemplo de puntualidad y diligencia.

> Al revisar las grabaciones de las cámaras y las claves de las alarmas (cada uno teníamos nuestra propia clave para entrar y salir), la policía descubrió que el muchacho vivía allí.

Un día, cuando llegamos, ¡se descubrió todo! Se habían robado todas las computadoras del departamento de arte, unas *Macs* nuevas, con sus pantallas gigantes, todas las fotocopiadoras y demás equipos para producir el periódico.

Al revisar las grabaciones de las cámaras y las claves de las alarmas (cada uno teníamos nuestra propia clave para entrar y salir), la policía descubrió que el muchacho vivía allí. Entraba después de las diez de la noche y salía como a las siete de la mañana ya vestido y arreglado para regresar antes de las nueve de la mañana. ¡Esto estuvo sucediendo por meses! Se ve que necesitaba dinero, se lo robó todo y más nunca apareció. La policía no pudo encontrarlo, la dirección que nos había dado como su residencia resultó que nunca había vivido allí. Era el apartamento de una gente que lo conocía, pero que nunca residió en ese lugar.

El cierre del periódico

Todas las noticias eran cada vez peores. El golpe del robo fue el último que necesité para cerrar el periódico en el año 2005. El que robó todos los equipos era una persona dulce, amable,

> Un día, me senté en la sala de mi casa ante los enormes ventanales y las puertas que daban al jardín. Aunque llovía a cántaros, abrí todas las puertas y comencé a gritar al cielo: «¡Señor! ¡Señooooor! ¿Dónde estás?».

decente. Si hubiera hablado conmigo y me hubiera dicho su situación, sé que le hubiéramos encontrado alguna solución a sus problemas. Aún me duele el corazón al recordarlo, pues me imagino que sufrió mucho quedando tan mal delante de todos nosotros. Más tarde, los mismos clientes nos contaron de todas las mentiras que les había dicho, pues les ofrecía cosas que no podía cumplir.

Un día, me senté en la sala de mi casa ante los enormes ventanales y las puertas que daban al jardín. Aunque llovía a cántaros, abrí todas las puertas y comencé a gritar al cielo: «¡Señor! ¡Señooooor! ¿Dónde estás? ¿Por qué me has abandonado? ¿Qué ha pasado? ¿Qué he hecho? ¡Perdónameeee! Si te he disgustado en algo, ¡perdónameeee! Dioooos, ¿dónde estás? ¡Te necesitooooo!».

Estaba tan metida en mis cosas y en mis problemas que no podía verlo ni sentirlo. Dios se había apartado de mí o yo de Él. Y era obvio que la que había tomado los caminos equivocados era yo.

Capítulo

Éxodo masivo

«La persistencia, la pasión, la tenacidad, la decisión y el compromiso me llevarían a vivir una vida de logros y grandes éxitos».

¡**m**i vida era un caos! Sin embargo, seguía con las joyerías que era lo único que estaba dando frutos. Muchos días me iba para allá a pasar el día vendiendo y hablando con las clientas. Esto era un pequeño bálsamo para mí en medio de tanta tormenta.

«Categoría 5, ¡sal de ahí! ¡Ya vieneeee!»

Estábamos en pleno verano con muchos huracanes que entraban a la ciudad una semana tras otra. Nos tenían en evacuaciones constantes y ya estábamos cansados de todo eso. Si nos decían que evacuáramos una vez más, ¡no lo haríamos!

Un sábado por la tarde, me puse a conversar con mi amiga Olguita de la Vega que trabajaba para el Canal 4, WWL-TV.

—Esta vez no me pienso ir de la ciudad —me dijo Olguita—. Sé que viene el huracán Katrina, pero me quedaré aquí.

—Yo tampoco me pienso mover —le respondí—. Me quedaré en casa a aguantar la cosa. Ya compré algo de comida extra y creo que con eso no habrá problemas.

—¡Vamos a ver cómo pasamos el huracán!

—Ah, te diré que pienso ir a la manicura ahora mismo, pues quiero tener las uñas de las manos y de los pies bonitas antes de que llegue el huracán —dije y terminamos por el momento la conversación.

En la noche, hablamos hasta las once, viendo juntas, pero cada una en su casa, las noticias. Ya mucha gente se había marchado de la ciudad, pero eso pasaba siempre. Unos se iban y otros, como nosotras dos, nos quedábamos... ¡éramos las supervalientes!

A las cuatro de la mañana, recibí una llamada de Olguita dándome gritos: «Vete ahora mismo de la casa. El meteorólogo del canal, Carl Arredondo, me llamó para decirme que el huracán es de categoría 5. También me dijo que, por la fuerza que trae, no va a quedar nadie vivo. La gente está evacuando en masa. Hay que irse en seguida. Si nos sorprende en la carretera, vamos a morir. ¿Me oíste, Elsie? Categoría 5. ¡Sal de ahí! ¡Ya vieneeee!».

> A las cuatro de la mañana, recibí una llamada de Olguita dándome gritos: «Vete ahora mismo de la casa [...] El huracán es de categoría 5.

Aterrorizada, llamé de inmediato a mi hija, pidiéndole que tomara su auto y que viniera en seguida a casa para irnos juntas. Como es obvio, ella llamó a su novio y a sus amigos de la universidad, así que terminamos todos en caravana saliendo hacia Atlanta, pues las otras carreteras estaban atascadas de personas huyendo.

No tuvimos tiempo de sacar ni mover nada, solo la cartera, los pasaportes y las joyas personales, lo demás se quedó atrás. Nos fuimos en el automóvil nuevo de su novio y dejamos nuestros autos en el noveno piso del bufete legal donde trabajaba ella para evitar que se inundaran. El novio de mi hija le tocó quedarse, pues era médico del hospital *Oschner*, y en esos momentos de desastre era cuando más se necesitaba de sus servicios.

> No tuvimos tiempo de sacar ni mover nada, solo la cartera, los pasaportes y las joyas personales, lo demás se quedó atrás.

La huida

A las cinco de la mañana, emprendimos la huida siguiendo las miles de personas que huían despavoridas en sus autos de la ciudad. Dábamos la impresión de nos marchábamos hacia nuestra misma muerte. Todos estábamos asustados, con caras largas. Los autos iban llenos de las familias con sus perros, gatos y hasta algunos pajaritos en jaulas. Poco a poco, a paso de tortuga, fuimos alejándonos de todo lo que habíamos conocido como nuestro hogar, nuestra casa, nuestra vida, ¡para nunca más volver!

Capítulo

El agua lo arrasó todo

«*Lo material es efímero. Llegamos con nada y nos vamos sin nada en lo absoluto. Entonces, ¿por qué tanto laborar, amasar y vivir en pos de las pertenencias? Aprendí a buscar más de Dios, a caminar ligera. Comprendí que mi única solución para una vida de paz y abundancia era Él*».

nos tomó más de veintiocho horas llegar a Atlanta, cuando casi siempre es un viaje de cinco horas desde Nueva Orleans. Llegamos a un hotel *Holiday Inn*, que ya estaba casi lleno de familias de Luisiana. Subimos a dormir, exhaustos todos.

¡Los desastres de Katrina!

Al levantarnos al día siguiente, bajamos al vestíbulo rápidamente al escuchar unos sonidos de gemidos, de lamentos, como en las películas. Era toda la gente nuestra que se quedó petrificada, de pie, mientras veían las noticias que daba CNN mostrando la ciudad inundada. Lo único que se divisaba era la parte más

alta de los techos de algunas casas. Mostraron una ciudad desolada, sin fuerza policial, sin personas. Solo se veían algunos
que vieron la oportunidad de ganancia, de robar... y de esos que
se quedaron atrás por tercos o porque no tenían automóvil ni
fondos para salir de la ciudad. Los cadáveres pasaban delante de
nuestros ojos y la gente nadando en aguas oscuras dando gritos,
pidiendo auxilio.

Entonces, comenzamos a ver cadáveres flotando en las aguas
pútridas del alcantarillado. También veíamos a la gente robando
los establecimientos y rompiendo ventanas y vitrinas para sacar
lo que pudieran robar. Nos tocó ver en el centro comercial,
donde estaban nuestras joyerías, a la gente rompiendo ventanales y llevándose todo. Para mí era como si la vida hubiera terminado. Ya no quería hablar, no quería vivir. Este era el colmo de
males y quería cerrar esta etapa de mi vida para siempre.

Primero, fue la pérdida de mi madre. Después, vino Katrina.
¡Una tragedia detrás de la otra! ¡Era demasiado! Mi mente no
daba para tanto...

Como los diques se habían roto, el agua lo arrasó todo. Uno
de los diques se encontraba a cinco cuadras de mi casa. Yo vivía
en el área del lago, y aunque mi calle estaba protegida por una
gran muralla de cuatro metros y medio de alto, el agua entró
rompiendo puertas y ventanas.

Un amigo de la guardia costera, José Carias, estaba ayudando en los rescates. Entonces, pidió pasar por mi casa en una
moto acuática y logró tomar fotos de mi casa que me envió por
correo electrónico... ¡aún las conservo! No me gusta mirarlas,
pero están allí como evidencia de una tragedia vivida.

Los despojos

Gracias a este gran amigo, mi hija y yo pudimos entrar a la casa
tres semanas más tarde. Regresamos vestidas como astronautas.
Aún había un olor raro en el ambiente, animalitos grises, mosqui-
tos en masa volando por todos lados y el sol se había marchado

de ese lugar, dejándolo todo oscuro y desolado, como en las películas de guerra donde todo es gris.

No puedo decir que derramé una lágrima. El impacto fue tan fuerte que no pude llorar. Mi hija sí se desplomó al ver toda nuestra vida arrasada por el lodo, el moho y el agua. Aún quedaba como un pie de agua, el furor del agua había arrancado las obras de arte de las paredes, los adornos de cristal, las lámparas... todo estaba en el suelo hecho añicos. Las cortinas llenas de moho verde casi negro. Los muebles, algunos los encontramos a pocas cuadras, que el agua arrasó con ellos también. Las fotografías y todos los álbumes estaban destrozados, ya que todos los recuerdos fotográficos se encontraban en la biblioteca, en el primer piso de la casa.

En un abrir y cerrar de ojos, perdimos cada uno de los recuerdos de mi familia, de mi madre y su época de reina, de su vida con mi padre, del nacimiento de mi hija y todo lo de mi carrera en los medios de Colombia. ¡Desaparecieron en un instante! Eso fue lo que más me dolió. Lo demás se recupera, se vuelve a comprar algún día. Las fotos, en cambio, son recuerdos insustituibles de una vida entera. Recuerdos a través de imágenes.

Nos dispusimos a investigar lo que había quedado, y estuvimos en esas varios días durante horas. Había que salir temprano, pues había mucho crimen y gente mala en las calles. José Carias fue nuestro ángel en ese tiempo. Nos resolvió todo. Nos acompañó en cada gestión y nos ayudó a sacar todo lo que deseábamos llevarnos. Nos alojamos en la casa de mi amiga Lisa Ponce de León con otra amiga que también se encontraba sin casa. Lisa vivía en una zona lejana que se llama River Ridge que no sufrió los embates más fuertes. Le estaré eternamente agradecida por su hospitalidad, apoyo y ayuda en momentos tan trágicos.

Soledad a la vista...

Regresamos a Miami deshechas. Desoladas. Deprimidas. Desconsoladas. Y en una depresión total. Mientras tanto, el novio

> **En medio de todo esto, le vendí la casa a mi gran amigo César Burgos, y compramos un apartamento en Miami.**

de mi hija resolvió que no podía vivir sin ella, y le propuso matrimonio, a lo cual ella aceptó feliz. Ya llevaban alrededor de cinco años de noviazgo y había llegado el momento de unir sus vidas. Ella decidió que se quería casar en Cartagena, y así fue. Se le hizo un matrimonio de cuento de hadas que fue un momento lindo de planes y arreglos que nos quitaron de la mente un poco lo sucedido. Fuimos a Colombia a planear todo, a su gusto, tal como ella lo había soñado.

En medio de todo esto, le vendí la casa a mi gran amigo César Burgos, y compramos un apartamento en Miami. Decidimos arreglarlo a nuestro gusto y le encargamos la decoración y la renovación a una señora con gusto exquisito, mientras celebrábamos el matrimonio de Catalina en Cartagena.

El día que dejé a mi hija en el aeropuerto para irse a Cartagena, unas semanas antes de que viajara yo, comprendí lo sola que había quedado en el mundo. Cuando iba saliendo del aeropuerto de Miami para regresar al apartamento, había tantos carteles que no supe cuál tomar. Entonces, al ver que no tenía a quién llamar, casi termino en Fort Lauderdale, cuando tenía que dirigirme hacia la zona de Brickell. ¡Fue un impacto fortísimo para mi espíritu!

Lloré por todo el camino con grandes aullidos. Creo que ese día fue en que pude sacar todo el dolor, la tristeza y la amargura que había en mi corazón por todo lo vivido. Grité, aullé, lloré, gemí la hora entera que me tomó en regresar.

Entonces, llegué a casa para comenzar una nueva vida sola en Miami, pero decidida a que fuera lo mejor posible, dentro de las circunstancias.

Capítulo

Conectada al USB del poder

«Aprendí y entendí que la celebración de cada paso, de cada logro, me ayudaría a mantener el enfoque y la motivación para poder continuar».

decidida a salir adelante, toqué todas las puertas posibles a través de las amistades en los medios. Todo el mundo deseaba oír mi triste historia para después terminar diciéndome que la situación de empleo en Miami estaba muy mal y que me avisarían si sabían de algo. ¡Aún estoy esperando!

¿Qué pasa que no me llaman?

Tantas, pero tantas amistades a través de los años, y cuando más necesité de una mano, nadie la extendió. Ahora bien, para llevarme a almorzar y oír las historias trágicas del huracán, sí estaban siempre disponibles. Envié más de ochenta y cinco currículum vítae... y ni siquiera una nota para decirme: «Gracias, le avisaremos si existe alguna posición». El silencio era abrumador.

Mi amigo Mario Andrés Moreno se portó de oro, pues fue quien nos ayudó a conseguir un apartamento en su propio edificio y vivía pendiente de nosotras día a día. También conocí a una gente linda que nos ayudó y apoyó durante estos tiempos, como lo fue mi amiga Glika Weinreb, que me llevaba con ella a todas sus citas de bienes raíces, en especial los sábados que yo no tenía mucho que hacer y menos a donde ir.

Estuve unos meses haciendo consultoría de mercadeo para una iglesia local y para una gente que tenía una compañía de hipotecas, pero no veía futuro en el panorama.

De nuevo con la joyería

Como había que vivir mientras esperábamos que pagaran los seguros y se resolvieran tantos asuntos quedados atrás con los negocios y la casa en Nueva Orleans, decidí incursionar de nuevo en el negocio de la joyería. Opté por hacerlo junto con mi hija, que ya estaba casada y estaba buscando algo en qué distraerse. Con tal fin, hicimos un viaje a Hong Kong para comprar material, perlas, piedras y ver todo lo nuevo en el mercado, las colecciones del momento y demás diseños.

Regresamos a Miami con una colección bella... así que con gran entusiasmo emprendimos el negocio de hacer los *shows* a nivel nacional de joyas. Esto duró menos de un año. Catalina estaba recién casada y su esposo, con justa razón, nos planteó que se sentía sin esposa y que las cosas no podían continuar así.

Viajábamos los miércoles y regresábamos los lunes. Catalina solo estaba en casa un día y medio y, además, terriblemente cansada por el ajetreo de los viajes.

> **Viajábamos los miércoles y regresábamos los lunes. Catalina solo estaba en casa un día y medio y, además, terriblemente cansada por el ajetreo de los viajes.**

168

Así que me vi haciendo el trabajo yo sola, pero solo resistí tres meses más. Decidí entonces, hacer *shows* privados entre las personas de mi edificio y se volvió un negocio hermoso. Me fue muy bien hasta que llegó el final del año 2007... No comprendía lo que sucedía, ¡pero había llegado la famosa «recesión! Poco a poco, y sin mucho ruido, se había metido en nuestras finanzas y en las de mis clientas. Las fieles, ya no me compraban las cantidades de antes. De modo que las ventas se redujeron a la mitad. Algunas de ellas ni siquiera venían a los *shows* para no gastar. Por lo tanto, se comenzó a sentir la recesión económica de manera aplastante y contundente.

La «oportunidad» de Nueva Orleans

En esas recibo una llamada de un gran amigo y excliente del periódico, Saúl Bollat. Me insiste en que regrese a Nueva Orleans, que montemos un periódico de nuevo, que los que había no servían y que podríamos marcar la diferencia en la ciudad. Además, me informa que tenía un dinero para invertir en la empresa. Viendo que no había más en el panorama, y que Dios siempre me abría puertas a través de llamadas telefónicas con oportunidades, decido irme de regreso a lo conocido con la intención de vivir mitad allá y mitad acá. Pensé que esto venía de Dios.

Lo de vivir un tiempo en Nueva Orleans y otro en Miami no dio resultado. Poco a poco la mitad de Nueva Orleans me atrapó del todo, hasta que terminé comprando auto y alquilando un apartamento. Los fines de semana viajaba a la ciudad Naples, en la Florida, para ver a mi hija y su familia, que ya había crecido con dos nietos, regresando de inmediato para seguir con los negocios.

Hicimos una revista maravillosa, *Vocero USA Magazine*. Lujosa, con maravillosos artículos y de agrado para el lector. Con la emoción de montar algo bello, nos caímos de bruces al hacer una revista tan costosa. Los gastos eran enormes para las

> **Lo de vivir un tiempo en Nueva Orleans y otro en Miami no dio resultado. Poco a poco la mitad de Nueva Orleans me atrapó del todo.**

ventas y volví a revivir lo de encontrar buen personal, buenos vendedores... ¡había vuelto al infierno!

Así fue en realidad. Ya Dios no me quería en Nueva Orleans. Esa puerta se había cerrado y yo, de terca, volví a abrirla y pasar por ella sin escuchar a Dios. Hasta mi hija no estuvo de acuerdo con mi regreso, pero yo lo tomé como algo tan claro como el agua, pues no había más que hacer y la oportunidad era única. Además, no tenía más ofertas por ningún lado.

Viví tres años de gran tristeza en una ciudad que ya no era mía. En un sitio donde pasaba por mi casa casi a diario entristeciéndome más aun. Mis amistades ya no existían, muchas ya no vivían allí. Otras solo estaban tratando de sobrevivir el gran síndrome Katrina. Como la ciudad estaba aún destruida en muchas partes, era un sitio aterrador, así que no podía entender qué hacía allí. Una cantidad de gente desconocida había llegado a la ciudad, y yo cada día me sentía más extraña y fuera de lugar contando los minutos en que Dios me sacara de ese lugar o me diera luz verde para irme.

De regreso a Miami

Un día, me levanté y le dije al Señor: «Padre, por fe voy a regresar a Miami donde está mi familia, mi apartamento vacío, mi auto y todo lo que me agrada. Deseo volver al sol, a las palmeras y al mundo nuevo que me diste allá. Secaste este terreno para mí. Por lo tanto, voy a aferrarme a tus promesas y a confiar en que no me abandonarás. Como el pozo se secó, las puertas se cerraron y todo a mi alrededor parece un desierto, comprendo que es tiempo de cambiar de geografía, de lugar, de trabajo y de todo lo que me rodea. En fe, y en obediencia a ti, ¡me voy!».

Empaqué, contraté una compañía de mudanza y manejé sola las dieciséis horas hasta Miami, haciendo una parada en Naples, en la casa de mi hija y su familia. ¡Fue lo mejor que pude hacer! Dejé atrás toda esa oscuridad, saliendo como ave fénix de las cenizas para jamás volver. Se acabó esa etapa. Se acabó ese tiempo. Dios cerró esa puerta. Era hora de obedecer... y moverme.

> Empaqué, contraté una compañía de mudanza y manejé sola las dieciséis horas hasta Miami.

Durante el trayecto oré y clamé: «Dios, te ruego que aumentes las oportunidades en mi camino a fin de poder tocar más vidas para tu gloria y honra. Déjame hacer más para ti. ¡Padre, toma mi vida y úsala!».

¡Adiós para siempre, Nueva Orleans!

Capítulo

«¡De quinta tirando a décima!»

«Era una prioridad rodearme de personas que me celebraran a menudo, que disfrutaran mis logros con la misma alegría que yo y que fueran transparentes a la hora de hablarme con sinceridad».

Cuando vi el cartel verde de la Interestatal 95 diciendo con claridad «MIAMI», di un grito de júbilo. Regresaba a casa, al lugar que me encantaba, a mi apartamento hermoso, a mi lugar. Regresaba al canto de los pajaritos en los árboles durante el día, al color azul del mar, al verde del río Miami, al blanco fulgor de los yates y cruceros que pasan frente a mi ventana, a la alegría de los cubanos, a la comida latina más rica del planeta y a mis deliciosos «cortaditos» que los encuentras en cada esquina, en cada rincón de la ciudad. Miami es un paraíso. Dios le regaló a Miami el clima más bello, la gente más creativa y amable. Además, en cada esquina y en todo lugar se habla nuestro rico idioma, el castellano.

La búsqueda de empleo

Me dispuse a buscar la presencia de Dios más que nunca. Comencé fuertes ayunos, esperando oír de Dios. Mi petición era que me mostrara dónde quería que fuera, dónde quería que trabajara, dónde me quería colocar. Envié mi currículum vítae con demos de voz a varias estaciones... esperando... esperando... y nada. Si hubiera esperado, aún estaría aquí esperando...

Durante casi tres meses estuve tocando esas puertas. Recuerdo que hasta en una ocasión le dejé un mensaje cantado al programador de una de ellas. Ni así logré que me llamaran. Una amiga me sugirió que me presentara en persona. Así lo hice... Era un lunes, llegué hasta el lugar para encontrar todo con un cartel que decía «CERRADO». Escogí un mal día, pues era feriado, Día de los Presidentes. ¡No lo podía creer!

Ya se habían acabado todos mis fondos, y era cuestión de vida o muerte que encontrara empleo. Al día siguiente, esperé hasta la tarde y llamé... ¡una vez más! Me contestó la persona que yo necesitaba. De la emoción, no sé ni lo que le dije, pero se reía mucho al oír mi historia de tragedia y dolor de tanto llamar durante meses, pues siempre me respondía la misma persona que no me la pasaba. Era obvio que no le daba el mensaje.

> Ya se habían acabado todos mis fondos, y era cuestión de vida o muerte que encontrara empleo.

Me dijo con mucha amabilidad que no podía atenderme, ya que estaban en la producción de un evento de mujeres, pero que la llamara en un par de semanas a lo que yo grité: «Noooo! ¡No puedo esperar tanto! Por favor, te ruego que me des unos minutos mañana». Cuando oyó que yo había tenido una revista, eso sí le interesó en seguida, así que me dijo: «Bueno, ven mañana a las tres de la tarde».

Esa noche no pude dormir de la emoción. Llegué puntualmente, y apenas vio la revista, me envió a donde otro señor encargado de esto. Parecía que Dios me había enviado, pues el muchacho a cargo de la revista no tenía ni idea de nada. Había contratado a un editor que no vivía ni siquiera en el país, y estaba haciendo lo que podía con el poco conocimiento que tenía sobre la publicación.

De inmediato, me dieron una cita con el dueño de la emisora. «Al parecer», nos caímos bien y me contrataron con la condición de darme solo media hora de programación al aire si ayudaba con la revista.

¡Como pez en el agua!

Como siempre, me entregué a la tarea con todo el entusiasmo posible por ayudar, dándole todo lo que necesitaba a este muchacho inexperto, pero astuto. Al poco tiempo, me di cuenta que no estaba contenta trabajando con él, debido a sus artimañas y mentiras. Así que decidí pedir que me sacaran de la parte de la revista.

Además, en la radio estaba teniendo mucho éxito. El público me había recibido con los brazos abiertos, y de media hora pasé a una hora, para después extenderme a hora y media, y terminar con tres horas diarias de cinco de la tarde a las ocho de la noche con mi programa de toda la vida: «Conéctate». Este nombre lo había usado por años, pues era muy pegajoso y fácil de recordar.

Encontré que me iba enamorando cada vez más del público de Miami y del sur de la Florida. A las pocas semanas, me abrieron la puerta para iniciar un programa similar al que hice en «La Fabulosa», Nueva Orleans, llamado *La voz del pueblo*. El horario era desde la medianoche hasta las seis de la mañana. En esa oportunidad, el programa solo duró cinco meses, pues casi

> **Todos los días se abrían los micrófonos para los solitarios, noctámbulos, desvalidos, con problemas y tristezas, o que se sintieran solos.**

me enfermo debido que lo hacía de lunes a viernes en ese horario tan pesado y trabajando también de día en la revista que tenía en Luisiana.

No obstante a eso, en marzo se inició en Miami el programa que se transmitiría desde la medianoche hasta las dos de la mañana. Todos los días se abrían los micrófonos para los solitarios, noctámbulos, desvalidos, con problemas y tristezas, o que se sintieran solos. Igual que en Nueva Orleans, ¡aquí pegó y corrió como fuego! Fue un éxito desde el primer momento. Cada día no veía la hora en que llegara la medianoche para «conectarme» con mi Club de Trasnochadores.

El programa de la tarde tuvo los mismos resultados... ¡un éxito total al producir enormes cantidades de dinero para la estación y para mí! Tanto fue así, que me lo extendieron a tres horas, agregándole la combinación de un compañero, que era la voz de la estación. Muy pronto, llegamos a estar en una buena posición en todo Miami.

> **En medio de todo esto, yo no estaba contenta para nada. Sin embargo, hacía de tripas corazón, pues el ambiente era pesado.**

Se avecina la tormenta

El dueño de la emisora, un hombre mayor y de ideas un tanto antiguas en cuanto a la radio, no le gustaba la cantidad de anuncios que teníamos, pero a la vez exigía que se produjera dinero. En la estación siempre había el runrún de que el programa que no producía, lo cancelaban. Así es que yo vivía pendiente de nuestros clientes, de que estuvieran contentos y de que el programa produjera, pues era todo lo que le interesaba al dueño.

En medio de todo esto, yo no estaba contenta para nada. Sin embargo, hacía de tripas corazón, pues el ambiente era pesado. Se respiraba mucha envidia, competencia y murmuración. Incluso, había que rendirles pleitesía a ciertas personas. De lo contrario, casi siempre te veías de patitas en la calle. Esto lo comprobaría más adelante.

> **La verdad era que yo no estaba para chismes, pero la gente sí que me tenía entre ceja y ceja.**

Por lo general, las decisiones venían de la esposa del dueño que no tenía ni idea de la radio, pero que se creía conocedora del manejo de las emisoras de radio. Yo traté de ser amable siempre, de mantenerme al margen de las habladurías, que eran muchas. Aun así, a veces te veías hablando igual que los demás, pues era algo que se pegaba con facilidad. Era como una enfermedad que corría como lepra y se metía en los corazones en un abrir y cerrar de ojos.

Venía de trabajar con grandes empresas y de radios que se manejaban de manera profesional, y aquí todo era una locura. Había días en que llegabas y estaban los hijos de todos, con sus gatos, sus perros, etc. y la gente comiendo en medio del lugar.

La verdad era que yo no estaba para chismes, pero la gente sí que me tenía entre ceja y ceja. Era una de las que ganaba más, que tenía más horas y que recibía la mayor cantidad de cariño del público. Esto parece que molestaba a algunas personas, y poco a poco me convertí en la comidilla de la gente. La realidad era que lanzaban comentarios como si no fueran nada, ¡pero que podían acabar con una persona en un segundo!

Los vientos arrecian

A pesar de todo, mi vida transcurría feliz, pues mantenía el contacto con mis oyentes lindos que muchos ya se habían convertido en amigos y hasta en familia.

> Me llamó casi todo el fin de semana para preguntarme qué decisión había tomado. Yo no entendía su afán y su ansiedad de conocer mi respuesta... pero Dios sí lo sabía.

Un buen día, me llama el dueño para citarme a una reunión. Me presenté con cierta reserva, pues era famoso por dar citas que casi siempre resultaban en algo malo: O bien quería bajarte el salario o quería decirte algo que te disgustaba. Sus famosas «citas» se reducían a cosas desagradables. Fui orando por todo el camino: «¡Protégeme, Dios!».

Llegué a la cita, y sin mirarme a los ojos, me cuenta que tiene una estación en Cayo Hueso y que desea que se la maneje. De inmediato, pensé: «¡Increíble! Aquí está lo que Dios quería que yo hiciera con mis horas libres en el día». Y presta a ayudar, le dije que me dejara orar, consultar con el Señor y que yo le contestaría ese lunes. Esto fue un jueves por la tarde.

Como si no me hubiera oído, me llamó casi todo el fin de semana para preguntarme qué decisión había tomado. Yo no entendía su afán y su ansiedad de conocer mi respuesta... pero Dios sí lo sabía. Todo era parte de un plan maquiavélico de sacarme del programa de la tarde con el engaño de otra estación en Cayo Hueso.

Durante esos días, sentí una gran angustia. Sufrí unos dolores de estómago fortísimos, por lo que pasé todo el fin de semana intranquila, sin paz. No quería aceptar esa posición... ¿Por qué? No lo sabía. Después de veinte años en que pedí la señal de si ir a Dallas a trabajar, llamé una vez más a Rina Cortés, que ahora se encontraba en Panamá, y le pedí que orara conmigo por una señal para esta situación que me tenía desconcertada. Oramos y la señal que pusimos fue que el mismo dueño me llamara y esto significaría un «sí». Que la llamada no fuera a través de texto ni de su secretaria, sino él mismo. Oramos y así quedamos a la espera. ¡Las cosas estaban claras!

¡Todo terminó!

El lunes, me levanté con los dolores de estómago peor que nunca... ¡terribles! Estaba inquieta por completo y no sentía paz. ¡A las dos y cuarenta y nueve minutos de la tarde me llamó el mismo dueño! Supe de inmediato que mi respuesta tenía que ser «sí». Me preguntó y le contesté que sí, que con gusto le manejaría su estación.

—Entonces, no vayas más para la radio, pues no harás el *show* de la tarde —me dijo.

—¿Cómo? —le pregunté.

—Chica, al fin y al cabo yo soy el dueño de la radio y yo hago con ella lo que quiera —me respondió.

—¿Pero y quién va a hacer el programa? —fue lo único que salió de mi boca.

—No sé, un par de personas que he contratado. Después hablamos... Tengo que entrar en una reunión... hablamos luego. Recuerda que la vida está llena de cambios y todos tenemos que pasar por ellos. Llegó la hora de tu cambio.

Y así fue, por teléfono, con mucha frialdad. Sin otra explicación, sin hacerlo en persona, sin mirarme a la cara, por un aparato telefónico.

Me tuve que acostar, pues no podía pensar, ni razonar, ni encontrar explicación a todo esto. De verdad que Dios me quería fuera de ese lugar... ¡y rápido! Hice el programa de la noche unos días más. Sin embargo, ese no era el que producía dividendos. Ese programa era mi ofrenda al Señor, dando de mi tiempo para ministrar los corazones quebrantados y dolidos desde la medianoche hasta las dos de la mañana.

Ahora, me había quedado en la calle. Sin un dólar de entrada, sin nada. El miércoles, mientras conversaba con

> **Me tuve que acostar, pues no podía pensar, ni razonar, ni encontrar explicación a todo esto.**

179

el Espíritu Santo, me dijo con claridad: «Hoy es tu último programa, despídete esta noche».

Así lo hice, con las instrucciones precisas del Espíritu Santo, y como era de esperarse, me sacaron del aire a los diecisiete minutos cuando me despedí de la gente bella que me acompañó casi por un año a través de sus tristezas, alegrías y vidas.

Capítulo

¿Dónde están los creyentes?

«Aprende a celebrar todas las bendiciones que Dios te da cada día, así como a practicar la celebración en actitud de gratitud, haciéndolo como un ritual, como un ejercicio continuo... como un estilo de vida. Esto te llevará a más logros y a celebrar de manera continua los tuyos y los de los demás».

en medio de toda esta confusión, se me presentó una oportunidad de realizar el programa de la noche en otra radio, y sentí que Dios abría esa puerta para no dejar solos a mis «conectados». Por lo tanto, el lunes siguiente comencé en una emisora radial. Entonces, recibí muchas llamadas de apoyo y amor. Lloramos, reímos y nos alegramos de volvernos a encontrar.

Esto no es lo mío

> **Casi de inmediato, me di cuenta que esa estación no era nuestra casa, ni era el lugar donde me quería Dios por mucho tiempo.**

En esta nueva estación, no estaba contratada, sino que aquí era yo la que pagaba el espacio, a la vez que vendía los anuncios, a fin de pagar el tiempo del programa. Debido a que esta era una de las radios más conocidas en el sur de la Florida, tenía una tarifa muy alta.

También el operador, nada contento de que le hubieran quitado su espacio como «locutor», estaba molestísimo y lo demostró desde el primer día cuando nos informó que *no* contestaría los teléfonos.

Así que nos tocó tener a una persona que se ofreció para contestar el teléfono, pues de lo contrario no entraría ni una sola llamada. Casi de inmediato, me di cuenta que esa estación no era nuestra casa, ni era el lugar donde me quería Dios por mucho tiempo.

Entonces, entré en un pacto con mi Señor. Le pedí que hasta donde alcanzara el dinero, seguiría allí. En el momento que Él no proveyera para el programa, ese día sería mi señal para dejarlo. ¡Y así fue! Nos despedimos antes de que Dios nos abriera una nueva y preciosa puerta.

¡La luz resplandece al fin!

¡Y llegó Radio Luz iluminando mente y corazón! Entramos allí bendecidos, abriendo las mañanas, irrumpiendo en los aires con oración, decretos y todo lo que nos enseña la Palabra de Dios a través de un programa en vivo. Radio Luz, es una estación transparente, donde se predica la Palabra y llega al mundo veinticuatro horas al día.

¿Quieres saber cómo sucedió todo? La historia comienza así...

En uno de esos «de repente» recibí una llamada del pastor Samuel Martínez, de Radio Luz, contándome que había tomado la gerencia hacía unas semanas y me confesó que Dios le había puesto en el corazón llamarme para que fuera la nueva imagen de Radio Luz, no solo en Miami, sino en las otras siete estaciones de la cadena Salem.

Salem es la única compañía con siete estaciones hermanas a nivel nacional que lleva el mensaje del evangelio en ciudades como Dallas/Fort Worth, Tampa, Denver, Boston, Omaha, Seattle y Miami... ¡y cada día se suman otras más!

En la actualidad, irrumpo en los aires de esta gran nación con un mensaje innovador, puro, de esperanza para todas esas personas a quienes la vida les ha dejado atrás, a quienes la soledad les tiene arrinconadas, a quienes están en una cama sufriendo una enfermedad, a quienes han perdido todo norte debido a que su vida parece ser un vaivén en un mar tormentoso que nunca terminan.

Por lo tanto, estoy aquí para contarte del gran mensaje de las buenas nuevas y decirte que Jesús es el camino, la verdad y la vida. Lo es... ¡y lo será!

Bendigo a personas, como el pastor Martínez, que viven conectadas con Dios las veinticuatro horas del día, los siete días a la semana, y que son obedientes a los designios de nuestro Padre. Estos ángeles aquí en nuestro entorno son los que nos llevan de victoria en victoria a través de las órdenes y los deseos para cada uno de nosotros de nuestro Padre. En mi corazón habrá solo gratitud y respeto para este gran siervo de Dios por escuchar su voz y abrir esas puertas tan grandes para mí.

Después de muchas reuniones, lanzamos «Conéctate con Elsie» en las mañanas y en las tardes. También los sábados hacemos un programa diferente, fresco e innovador llamado «¡Sábados Alegres!». Se trata de cuatro horas fenomenales donde resaltamos todo lo bueno, lo que es posible, lo por venir... ¡y lo que vendrá! Hoy estamos transmitiendo en cadena simultánea a nivel nacional en otras estaciones hermanas, otras «Radio Luz» en suelo estadounidense y, mañana, ¡sé que será desde cualquier lugar del mundo!

Antes de terminar...

Hemos llegado a esta última parte del libro. ¿Verdad que nos cuesta trabajo despedirnos? Bueno, la vida es así, pero eso no quiere decir que te dejaré sin estos últimos consejos que te ayudarán a vivir una vida feliz.

Este cuarto paso de elefante nos habla de las metas y los sueños. ¡Me encanta hablar de estas cosas! Cuando nos referimos a los sueños, debo reconocer que se trata de proyectos, deseos, esperanzas que, si no se persiguen como es debido, tienen pocas probabilidades de realizarse. Ahora bien, si esos sueños los transformas en metas, tus acciones o deseos te llevarán a ese fin. Pon en las manos de Dios tu vida y aférrate a lo que Él te promete en su Palabra:

> *Deléitate en el Señor, y él te concederá los deseos de tu corazón.*
> *Salmo 37:4*

CUARTO PASO DE ELEFANTE:
«Cómo se logran las metas y los sueños en la vida»

¿Estás dispuesto a emprender los sueños y las metas en tu vida? Entonces, comienza a pensar lo que harás o lo que tendrás que hacer para lograrlos. Piensa en lo que puedes hacer para llevarlos a cabo en un año, seis meses, tres meses, treinta días o en las próximas veinticuatro horas.

Consejos importantes para lograr las metas y los sueños

Antes de llevar a cabo tus metas, pon en práctica lo siguiente:

- Inicia un tiempo de oración donde le pidas a Dios su dirección y verás cómo te ayudará en este camino maravilloso. También observarás de qué manera son posibles con Él y por medio de Él, pues todo lo podemos en Cristo que nos fortalece (lee Filipenses 4:13).
- Mientras más claras sean tus metas, mayor será tu fe. Cuando tu corazón decida su destino, tu mente se encargará de diseñar el mapa que te llevará a realizar todo lo que deseas.
- Mantén un espíritu dominado y decidido a cumplir metas y sueños, pues el dominio propio te ayudará a lograr tus objetivos.
- Lee y atesora pasajes de la Biblia como estos: Génesis 2:1; Éxodo 39:32; 1 Reyes 6:14; 2 Crónicas 7:11; Juan 17:4; 2 Timoteo 4:7.

Aspectos clave para lograr las metas en la vida

Si deseas tener éxito en el cumplimiento de las metas que te has propuesto, ten presente lo siguiente:

- Comprométete a lograr lo deseado.
- Asume la responsabilidad en cumplir lo deseado.
- Sé sincero contigo mismo en todas las cosas.
- Da pequeños pasos para lograr lo que deseas.
- Busca la manera de trabajar mejor.
- Cuida de tu salud y de tu higiene personal.
- Aléjate de gente tóxica, negativa y contenciosa.

- Prepárate para cambiar primero de adentro hacia afuera.
- Convéncete de que no hay otro lugar a donde ir, sino hacia arriba.
- Aprende a trabajar en equipo, pues dos son mejores que uno.
- Visualiza todo lo deseado a diario y en todo momento.
- Ten confianza en Dios y después en ti mismo.
- Pide sabiduría, disciplina, diligencia y fortaleza, ¡así obtendrás la paz para vivir una vida feliz!

Al final, celebra tu vida, la familia y esos logros. La Biblia es un libro donde se documentan muchas celebraciones divinas. ¡Dios celebra muchísimo! La celebración es una actitud del Reino. Celebra tu llamado y la Palabra de Dios en todo tiempo. Celebra todas y cada una de las bendiciones que Dios te da a diario. Practica la celebración de tus cosas en actitud de gratitud. Hazlo como un ritual, como una práctica continua, como un estilo de vida. ¡Celebra y vive una vida de excelencia!

Ahora, ¡no te pierdas el final de la historia que aparece a continuación!

 Para más información sobre este tema, descarga este vídeo gratuito en: http://www.elsiemendez.com/video4

Epílogo

Luz en la oscuridad...
Estamos a punto de llegar

«*Deseo que tus sueños se hagan realidad. Son más que posibles. Los puedes lograr. Lo único que tienes que hacer es no desmayar, no renunciar, no soltar riendas. La espera en las promesas de Dios y la práctica de la paciencia nos lleva a alcanzar todos nuestros sueños*».

hoy mi hija y su esposo viven en Naples, Florida, con tres retoños hermosos que Dios les ha dado en amor: Sofía Isabella de cinco años, Nicolás Matías de cuatro años y Santiago Andrés de siete meses. Dios ha sido fiel y ellos viven felices rodeados de primitos, amiguitos y mucho amor. Yo soy su alegría, me llaman «Tata» de cariño, ¡y cada vez que nos vemos es una fiesta!

Una decisión que te recomiendo

Por mi parte, continúo a la espera de Dios. ¿Cuál es el camino a seguir? Me niego a pensar que hemos llegado hasta aquí. Ahora, mientras escribo estas líneas, estoy esperando que se abran los cielos y que la misericordia de Dios llene mi vida una vez más.

Estas pruebas, las pérdidas, los éxitos y los fracasos, decido aceptarlos como oportunidades para buscar más de Dios. Si podemos confiar en Él en medio del dolor, de la tristeza, de la soledad, de la confusión, de la oscuridad... encontraremos la victoria. En medio de tantos altibajos, he podido mantener siempre una alegría y un gozo maravillosos. Me dispuse a ser feliz dentro de todo. Cada día he buscado más razones para vivir feliz, para no perder la alegría y continuar siendo de bendición para los que están en necesidad. Muchas veces me ponía delante del espejo en pijama, con aretes largos y tacones, riéndome de la vida mientras todo se derrumbaba a mi alrededor. Fue una decisión que tomé a conciencia y que aun la cumplo hoy.

Tenemos que procurar ser felices en medio de las situaciones adversas. De allí la importancia de rodearnos de cosas y personas que nos hagan la vida más agradable. Apártate de los tóxicos, aléjate de los negativos y relaciónate solo con los que te celebran. Busca maneras de reír, de disfrutar, de hacerte la vida más agradable. Encuentra lo que te hace feliz y que te da esa sensación de contentamiento... ¡y hazlo con frecuencia!

Repite todo lo que te haga sonreír. Así que sonríe de forma deliberada y cuantas veces puedas al día. De seguro que les ayudará a tus músculos faciales, te dará una fuerza divina y te mostrará que las cosas no son tan malas como parecen, que todo tiene solución y que mañana es un nuevo día con las misericordias nuevas de un Dios maravilloso que jamás nos abandona:

> ¡El fiel amor del Señor nunca se acaba! Sus misericordias jamás terminan. Grande es su fidelidad; sus misericordias son nuevas cada mañana.
> Lamentaciones 3:22-23, NTV

Con Dios... ¡todo es posible!

El celebrarte, y rodearte de personas que te celebren, es clave para este rompecabezas que es nuestra vida. Tenemos que hacer el esfuerzo de vivir bien, de buscar mejores y mayores maneras para continuar el camino en paz. Por supuesto, la paz de Dios, tu Padre... y el mío. Él nos dará ríos en el desierto. Él cambiará tu lamento en baile. Él proveerá todo lo que jamás pensaste poseer y te dará una vida alegre, si es que tú se lo permites. Él es la roca donde yo decido estar parada cada día y en cada momento. He decidido seguir confiando en Él, y te invito a que tú hagas lo mismo.

> A través de estas líneas, he derramado mi corazón y mi vida delante de ti esperando que sirva de algo tanto dolor.

A través de estas líneas, he derramado mi corazón y mi vida delante de ti esperando que sirva de algo tanto dolor. La esperanza es lo último que debemos perder. Por lo tanto, este no es mi final, ni el tuyo, sino nuestro comienzo. Hay más en esta historia de vida. Esto es solo la primera parte de muchas cosas maravillosas que vendrán, de otros libros que seguirán y de tantas otras cosas que ya están en camino. ¿Por qué te digo esto? Porque a raíz de haber creído y confiado en un Dios de amor, de paz y de prosperidad, hoy puedo plasmar estas líneas aquí para ti, con el pleno convencimiento de que Él existe, de que Él es fiel y de que con Él todo es posible:

Lo que es imposible para los hombres es posible para Dios.
Lucas 18:27

Mis mejores deseos para ti

Ahora, te pido que no desmayes. Ya viene tu día de sol y felicidad. Ya viene todo aquello que te mereces y aún no llega. Sonríe, siéntate en calma y espera, pero siempre sonriendo, pues ya tu día viene llegando. Una cosa que sí te puedo asegurar es que Dios nunca llega tarde... ¡jamás! Y tampoco falla... ¡jamás!

> **Repito, la esperanza es lo último que debemos perder. Sin esperanza no existe la posibilidad de vida. Todo esto que me sucedió a mí, puede sucederte a ti...**

Las pruebas son difíciles, pero nos llevan a tener una relación más estrecha, más íntima, con Él. Solo los que podemos pasar las pruebas de nuestra fe, seremos los que experimentaremos las grandes recompensas de Dios.

Repito, la esperanza es lo último que debemos perder. Sin esperanza no existe la posibilidad de vida. Todo esto que me sucedió a mí, puede sucederte a ti... y más. Sin embargo, tú también puedes vivir avanzando a pasos de elefante.

Existen grandes personajes en la Biblia que sufrieron ataques, vituperios, amenazas, torturas y más. Aun así, su fuerza a través de una fe invencible los llevó a lograr hazañas impresionantes. Si ellos pudieron vencer en medio de las duras pruebas, ¿por qué no tú? Dios tiene el control... ¡Siempre! Si lo crees y confías que Él hará lo que tú no puedes hacer, ya llevas la delantera, vas ganando. Ya eres más que vencedor. Entonces, ¿qué vas a hacer? ¡No temas!

¿Y sabes algo? Al final del día he aprendido que... ¡Él es más que suficiente! Siempre te dará la mano para que puedas caminar a paso de elefante.

Ahora, ¿por qué no das tú el primer paso firme y avasallante? Ven, yo te acompaño... Dios está contigo, y yo también, ¡pues soy la presidenta de tu club de fans!

Un paso... dos... firme, firme... tres, cuatro... contundente, con fuerza... cinco... así... seis... sí, no dudes, vas bien... siete... ahora sigue tú...

Hasta siempre, amigos, ¡nos vemos en la cima!

Acerca de la Autora

SAMFOTOS.com

Elsie Lucila Méndez reside en Miami, Florida. Es productora y talento de las estaciones en español de Salem Comunicaciones. Sus programas en cadena simultánea cubren los mercados de Dallas/Fort Worth, Tampa, Miami y Cuba, próximamente en Denver, Seattle, Boston y Omaha. Elsie acompaña a sus seguidores en las mañanas y tardes a través de «Conéctate con Elsie». También los sábados en «¡Sábados Alegres!» durante cuatro horas lleva a su público a creer que sí se puede con Dios.

Con el deseo de sembrar en la vida de los demás, Méndez también ofrece cada mes seminarios/talleres gratuitos para más de quinientas personas ayudándoles a desatar su potencial para triunfar.

Su estilo diferente la caracteriza por su frescura, por ser innovadora, llena de alegría, disfrutando de sus invitados y ofreciendo testimonios impactantes. Méndez ahora se encuentra en la preparación de nuevos programas de televisión a través de medios digitales y estaciones locales para difusión a nivel cable.

Si deseas conocer más de Elsie, visita:

www.elsiemendez.com
www.facebook.com/conectateconelsie